AF552935

डॉ. सर्वपल्ली राधाकृष्णन

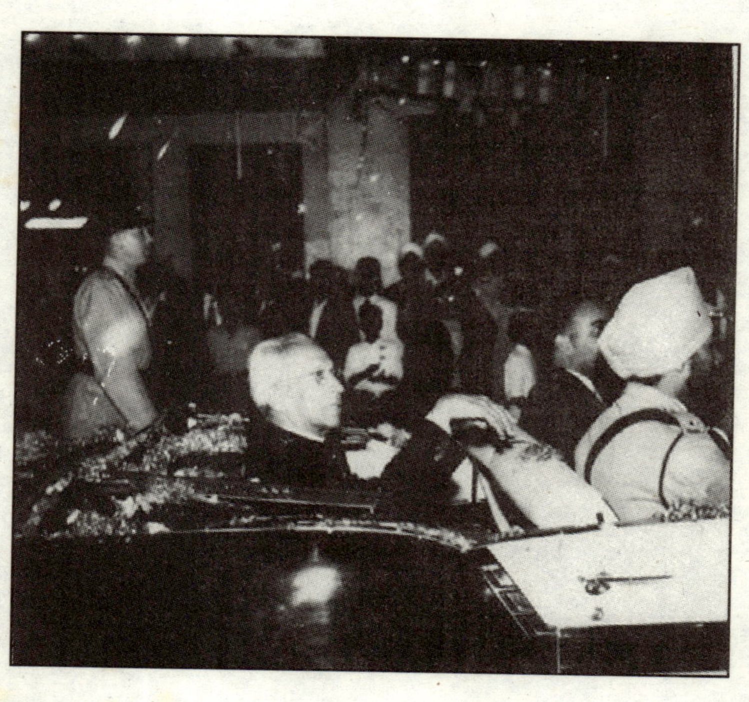

डॉ. सर्वपल्ली राधाकृष्णन

ब्रज किशोर

सत्साहित्य प्रकाशन, दिल्ली

प्रकाशक : **सत्साहित्य प्रकाशन**

694-ए, (पहली मंजिल) चावड़ी बाजार, दिल्ली-110006

 / संस्करण : 2025 / मूल्य : दो सौ पचास रुपए

मुद्रक : नरुला प्रिंटर्स, दिल्ली ISBN 978-81-7721-095-8

DR. SARVAPALLI RADHAKRISHNANI

biography by Brij Kishore ₹ 250.00

Published by **SATSAHITYA PRAKASHAN**

694-A, (First Floor) Chawri Bazar, Delhi-110006

विषय-सूची

1

प्रारंभिक जीवन

भारत के महान् दार्शनिक, वक्ता, राजनयिक एवं पूर्व राष्ट्रपति डॉ. सर्वपल्ली राधाकृष्णन् का जन्म 5 सितंबर, 1888 को चेन्नई (मद्रास) से 200 कि.मी. उत्तर-पश्चिम में स्थित तिरुतानी नामक एक छोटे से कस्बे में हुआ था। उनके पिता का नाम सर्वपल्ली वीरास्वामी तथा माता का नाम सीतम्मा था। वीरास्वामी एक गरीब ब्राह्मण थे तथा तिरुतानी के जमींदार के अधीन एक साधारण कर्मचारी के रूप में कार्य करते थे।

राधाकृष्णन् दो शब्दों 'राधा' और 'कृष्ण' से बना नाम भारतीय जन-जीवन में प्रेम का अथाह सागर उड़ेलनेवाला है। राधा और कृष्ण जैसे एक-दूसरे के बिना अधूरे और अपूर्ण हैं वैसे ही भारतीय इतिहास सर्वपल्ली राधाकृष्णन् का नाम जोड़े बिना अधूरा है। राधाकृष्णन् पूर्णता एवं सार्थकता के द्योतक हैं। अपने जीवनकाल में उन्होंने जो कार्य किए, जिन विचारों का मंथन एवं सृजन किया, उन्होंने सभी मानव जाति को जितना दिया उस पर सिर्फ भारतीय ही नहीं, समूची मानव जाति को गर्व है।

साधारण और गरीब परिवार में जन्म लेकर, गाँव की धूल-मिट्टी में बड़ा होकर असाधारण प्रतिभा के धनी राधाकृष्णन् ने परिश्रम के बल पर एक अध्यापक से सर्वोच्च राष्ट्रपति पद प्राप्त किया। छह

भाई-बहनों के बीच पैदा हुए राधाकृष्णन् अपने पिता की दूसरी संतान थे। आठ सदस्योंवाले परिवार का भरण-पोषण करना एक साधारण कर्मचारी के लिए बहुत मुश्किल था।

राधाकृष्णन् ने छात्रवृत्ति के बल पर उच्च शिक्षा प्राप्त की। उनकी स्मृति बहुत तेज थी। हरमन्स वर्ग इवेजिकल लूथरन स्कूल

में राधाकृष्णन् चार वर्ष तक पढ़े। मिशनरी स्कूल में बाइबिल के पाठ को उन्होंने हूबहू रट लिया था। मिशनरी स्कूल के अधिकारी ने उनकी विलक्षण प्रतिभा से प्रभावित होकर छात्रवृत्ति देनी शुरू कर दी। सोलह वर्ष की आयु में वे वेल्लौर चले गए। वेल्लौर में उनके रिश्ते के एक चाचा नौकरी करते थे। राधाकृष्णन् के पिता के निवेदन पर उन्होंने उनको अपने पास रख लिया और वहाँ उन्हें स्थानीय मिशनरी स्कूल में दाखिला दिलवा दिया। दो वर्ष तक स्कूल में अध्ययन कर मद्रास बोर्ड से मैट्रिक की परीक्षा उत्तीर्ण की। मैट्रिक की परीक्षा में अच्छे अंक प्राप्त करने के कारण उन्हें छात्रवृत्ति मिलने लगी। वहाँ उन्हें बाइबिल रटना काम आया। इतना ही नहीं, कॉलेज में उन्हें बाइबिल का योग्यता प्रमाण-पत्र मिला। पर बाइबिल के दर्शन के प्रति उनके मन में कोई आकर्षण न था। उन्होंने बाइबिल सिर्फ तोते की तरह रट लिया था। सन् 1909 में प्रेसीडेंसी कॉलेज, मद्रास में उन्होंने अध्ययन कार्य शुरू किया। कॉलेज में उन्होंने हिंदू दर्शन, उपनिषद्, भगवद्गीता, ब्रह्मसूत्र आदि में दक्षता प्राप्त कर ली थी।

उन्होंने जैन एवं बौद्ध दार्शनिकों की सान्निध्यता प्राप्त की। अध्ययन काल में उन्होंने प्लूटो, प्लोटिनस, कांत, ब्रैडली आदि के दर्शन का गहन अध्ययन किया। अपने जीवन के अंतिम काल में उन्होंने मार्क्सीज्म और एक्सटेशलिज्म का अध्ययन किया। सन् 1914 में भाग्य ने पलटा खाया। राधाकृष्णन् की श्रीनिवास रामानुजन से भेंट हुई। उस समय रामानुजन कैंब्रिज विश्वविद्यालय छोड़ चुके थे और उन्होंने अपने आशीर्वाद के लिए राधाकृष्णन् को खोज निकाला; क्योंकि सपने में देवी ने उनसे राधाकृष्णन् को अपने सान्निध्य में रखने को कहा था। उसके बाद दोनों फिर नहीं मिले। प्रतिभा का विकास किसमें कब होता है, निश्चित नहीं होता। स्वामी रामतीर्थ, योगिराज अरविंद और रजनीश ये सब साधारण विद्यार्थी थे; परंतु बाद में इनकी विलक्षण प्रतिभा का परिचय हुआ। बीस वर्ष की

आयु तक पहुँचते-पहुँचते उन सब में विलक्षण प्रतिभा प्रफुल्लित हो चुकी थी। राधाकृष्णन् के विद्यार्थी जीवन में ऐसा कुछ देखने को नहीं मिलता है। वे पढ़ने में अच्छे थे। छात्रवृति भी उन्हें मिली, परंतु वे अभी तक अपने आप में असाधारण प्रतिभा साबित नहीं कर पाए थे। आगे चलकर वे विश्व के महान् दार्शनिक बने और अपनी असाधारण प्रतिभा से पूरी दुनिया को चकाचौंध कर दिया।

वर्ष 1918 में राधाकृष्णन् मैसूर विश्वविद्यालय में दर्शनशास्त्र के प्रोफेसर नियुक्त हुए। उस समय उनकी पहली पुस्तक की रचना हुई। उनकी पहली पुस्तक 'फिलॉसफी ऑफ रवींद्रनाथ टैगोर' है। उनकी दूसरी पुस्तक 1920 में प्रकाशित हुई 'द रीजन ऑफ रिलीजन'। राधाकृष्णन् की पुस्तकों से प्रभावित होकर सर आशुतोष मुखर्जी, जो उस समय कलकत्ता विश्वविद्यालय के कुलाधिपति थे, ने राधाकृष्णन् को कलकत्ता विश्वविद्यालय में दर्शन का प्रोफेसर नियुक्त किया। उसी समय राधाकृष्णन् की 'भारतीय दर्शन' नामक पुस्तक प्रकाशित हुई। राधाकृष्णन् को इंग्लैंड की ऑक्सफोर्ड यूनिवर्सिटी में 'द हिंदू व्यू ऑफ लाइफ' पर व्याख्यान करने के लिए बुलाया गया। राधाकृष्णन् ने धर्म और ग्रंथ की शिक्षा ऑक्सफोर्ड विश्वविद्यालय में जाकर दी। अपने व्याख्यान के दौरान उन्होंने भारतीय स्वतंत्रता का भी जिक्र किया था। उन्होंने ऊँची आवाज में कहा था कि भारत शोषण करने की जगह नहीं है बल्कि एक स्वतंत्र स्थान रखनेवाला राष्ट्र है।

सन् 1931 में राधाकृष्णन् आंध्र प्रदेश विश्वविद्यालय के कुलाधिपति नियुक्त हुए। उन्होंने फिर से मानव और भाषा पर आधारित आचार-संहिता की पढ़ाई शुरू की। वर्ष 1939 में वे बनारस हिंदू विश्वविद्यालय के कुलाधिपति नियुक्त हुए। उस समय विश्वविद्यालय गवर्नर सर माउरिस हैलेट के दबाव में था। गवर्नर 'युद्ध के अस्पताल के रूप' में विश्वविद्यालय कैंपस को बदलना चाहता था। वह 'भारत छोड़ो' आंदोलन से चिढ़ा हुआ था। जब

वह सफल नहीं हुआ तो हारकर विश्वविद्यालय को अनुदान देना छोड़ दिया। राधाकृष्णन् ने विश्वविद्यालय के सहायतार्थ चंदा वसूलना शुरू किया, जिससे उन्होंने विश्वविद्यालय को आगे बढ़ाया।

□

2

वैवाहिक जीवन

राधाकृष्णन् का विवाह सन् 1903 में सोलह वर्ष की आयु में शिवकामू नामक दस वर्षीया लड़की के साथ संपन्न हुआ। लड़की साधारण थी और विवाह के समय वह पाँचवीं कक्षा में पढ़ रही थी। पिता रेलवे में स्टेशन मास्टर थे और उनकी मृत्यु उस समय हो गई थी, जब वह गोद में थी। उस समय दक्षिण में दहेज का बहुत प्रचलन था। बड़ी रकम देकर अच्छे घर के लड़के खरीदे जाते थे। उस लड़की की विधवा, गरीब माँ अधिक दहेज दे नहीं सकती थी, इसलिए पढ़ने में अच्छे गरीब बाप के बेटे राधाकृष्णन् को चुना। यद्यपि राधाकृष्णन् ने विवाह को कभी बंधन नहीं माना, परंतु पत्नी के रूप में जो लड़की उनके जीवन में आई वह वैचारिक रूप में उनसे काफी पिछड़ी और भिन्न थी।

शायद विवाह की उनके पिता को बहुत जल्दी थी या उनके पिता अपने पुत्र के भविष्य को लेकर आशावान् नहीं थे, जो उन्होंने अति साधारण लड़की के साथ उनका विवाह कर दिया, जो हर मायने में उनसे काफी पीछे थी। उन्होंने कभी सोचा नहीं कि भविष्य में उनका बुद्धिमान बेटा जब विद्वान् बनकर उभरेगा तो साधारण बौद्धिक स्तर की लड़की के साथ कैसे निभा पाएगा।

विवाह के तीन वर्ष बाद उनका गौना हुआ। शिवकामू पति के

घर आई। राधाकृष्णन् उस समय उन्नीस वर्ष के थे और उनकी पत्नी तेरह वर्ष की। राधाकृष्णन् ने अपनी पत्नी का नया नाम पद्मा रख दिया। नाम सौंदर्य और कोमलता के सर्वथा अनुकूल था। राधाकृष्णन् पत्नी के मुकाबले अधिक सुंदर थे। 5 फीट 10 इंच लंबाईवाले राधाकृष्णन् की पत्नी उनसे काफी बेमेल थी। परंतु सुंदरता में दोनों बेमिसाल थे। राधाकृष्णन् अध्ययन के साथ-साथ पत्नी की सान्निध्यता में भी रहने लगे।

वर्ष 1908 में राधाकृष्णन् की पत्नी ने पहले बच्चे को जन्म दिया। उनकी पहली संतान बेटी थी। इसके बाद सात और बच्चों का जन्म हुआ–पाँच बेटियाँ और दो बेटे। एक बेटे की मृत्यु तो 15 दिन के बाद ही हो गई थी, सिर्फ एक बेटा ही जीवित बचा। कुल मिलाकर उनका गृहस्थ जीवन सामान्य रहा। सभी स्त्रियों की भाँति उनकी पत्नी को भी गहने पसंद थे। जबकि उच्च विचारवाले राधाकृष्णन् अपने जीवन में पढ़ाई के साथ-साथ मेडल जीतते रहे।

राधाकृष्णन् का गृहस्थ जीवन भी दो अलग-अलग दिशाओंवाला था। राधाकृष्णन् को घूमना-फिरना एवं यात्राएँ करना पसंद था। जबकि उनकी पत्नी को इसमें कोई रुचि नहीं थी। बीस वर्ष की आयु पार करने के बाद तो वे कभी घर में नहीं रुके। छुट्टियों के दिन में वे बाहर घूमने चले जाते थे। पर उनकी पत्नी घर पर ही रह जाती थी और घरेलू स्त्री की भूमिका वह बखूबी अच्छे ढंग से निभाती थी। वह पढ़े-लिखे योग्य पति को पाकर बहुत खुश थीं। कभी उन्होंने राधाकृष्णन् से धन और सुख-सुविधाओं की माँग नहीं की। इससे राधाकृष्णन् को आगे बढ़ने में बहुत बड़ा सहयोग मिला। अपने कर्तव्य का पालन करने के बाद पत्नी से वे पूर्ण स्वतंत्र थे। उन्होंने बाहर की दुनिया दिखाकर पत्नी को कभी बदलने का प्रयास नहीं किया। वे पत्नी की पारिवारिक दायित्व निभाने की भूमिका से बहुत संतुष्ट थे।

अपने अध्ययन के लिए राधाकृष्णन् ने दर्शनशास्त्र को चुना। पर ऐसा नहीं था कि उन्हें दर्शनशास्त्र से बहुत लगाव था। कॉलेज में

अन्य लड़कों की तरह वे शरारती, भावुक और मिलनसार थे। वह एकांतप्रिय तो थे, पर इतना नहीं कि एकांत में डूबकर जीवन के रहस्यों और आध्यात्मिक गहराइयों में चले जाएँ। साधारण विद्यार्थी की तरह वह खूब हँसते, बातें करते थे। उनके क्रियाकलापों को देखकर कोई सोच भी नहीं सकता था कि एक दिन वह भारत का दार्शनिक बनेंगे। बुद्धिजीवी और विचारवान् व्यक्ति के रूप में लोग उन्हें अपने सिर-आँखों पर बैठाएँगे। उनकी पढ़ाई में दर्शनशास्त्र को चुनना उनका दर्शनशास्त्र के प्रति आकर्षण नहीं था, बल्कि बिना पैसे की किताब मिलने का लालच था। बात यह थी कि उनके चचेरे भाई ने उसी वर्ष दर्शनशास्त्र में स्नातक की परीक्षा उत्तीर्ण की थी और उन्होंने अपनी सारी किताबें उन्हें देने का वादा किया था। यही कारण था कि बी.ए. में उन्होंने दर्शनशास्त्र मुख्य विषय के रूप में लिया था।

राधाकृष्णन् का दार्शनिक बन जाना उनके प्रयासों का फल नहीं था। वे तो सिर्फ अध्ययन इसलिए करते थे कि उन्हें अच्छी नौकरी मिले, जिससे उनका गृहस्थ जीवन सुखी हो, यद्यपि उस समय बंगाल विभाजन की घोषणा हो चुकी थी। कलकत्ता से पेशावर तक अंग्रेजी शासन को उखाड़ फेंकने के लिए लोग उठ खड़े हुए थे। बंगाल से उठे क्रांतिकारी आंदोलन की आग की लपटें दक्षिण भारत में भी फैल चुकी थीं। आंदोलनकारी हजारों नवयुवक अपना बेशकीमती समय और जीवन की आहुति देकर क्रांति के तूफान में कूद चुके थे। परंतु क्रांति की इस उथल-पुथल में भी राधाकृष्णन् चुपचाप अपनी पढ़ाई में लगे थे। वे अखबारों में क्रांतिकारी गतिविधियों एवं सरकारी दमन के चर्चे पढ़ते थे। पर राधाकृष्णन् के मन में वह तूफान इतना असर नहीं डाल पाया कि वे अपनी पढ़ाई छोड़कर क्रांतिकारी आंदोलन में कूद जाते।

चेन्नई का क्रिश्चियन कॉलेज उन दिनों एक ख्याति-प्राप्त कॉलेज था। भारत में 19वीं सदी के प्रसिद्ध समाज-सेवी अंग्रेज विद्वान् विलियम क्रिश्चियन कॉलेज में अंग्रेजी के प्रोफेसर थे।

शेक्सपीयर पर उनका विशिष्ट अध्ययन था। विलियम स्केनर, जो दर्शनशास्त्र के प्रोफेसर थे, उनके व्यक्तित्व और विचार ने राधाकृष्णन् को बहुत प्रभावित किया। उन्होंने प्रभावित होकर अपनी पुस्तक को स्केनर के नाम समर्पित भी किया। कानून की पढ़ाई उन दिनों प्रतिष्ठा का प्रतीक मानी जाती थी। परंतु धन की कमी के कारण कानून की डिग्री हासिल न कर सके। उन्हीं दिनों उनके पिता वीरास्वामी रिटायर होकर अपनी पत्नी तथा तीन बेटों के साथ चेन्नई में राधाकृष्णन् के पास रहने चले आए। यह घटना तब हुई जब उनकी पत्नी पद्मा उनके गृहस्थ जीवन में आ चुकी थीं। उनके विवाहित जीवन का दायित्व, माता-पिता एवं तीन भाइयों का दायित्व भी उनकी पढ़ाई को बाधित नहीं कर पाया। मात्र 25 रुपए प्रति माह छात्रवृत्ति प्राप्त कर दर्शनशास्त्र से एम.ए. और परिवार का भरण-पोषण भला कैसे हो सकता था, इसलिए उन्होंने ट्यूशन करना आरंभ किया।

गरीबी कभी उनकी पढ़ाई में रुकावट नहीं डाल पाई। वे गरीब परिवार में पैदा हुए थे। परंतु परिश्रम के बल पर हम सबके समक्ष एक महान् दार्शनिक के रूप में उभरकर आए। घटना उन दिनों की है, जब राधाकृष्णन् दस वर्ष के थे। पैसा बचाकर वे घूमने निकल जाया करते थे। एक बार वे सुनसान रास्ते पर यात्रा कर रहे थे तो लुटेरों की नजर उन पर पड़ गई। ये लुटेरे ब्राह्मण बच्चों को उठाकर कानों की बाली या सोने की अँगूठी-हार इत्यादि छीनकर, उन्हें मारकर कुएँ में फेंक देते थे। राधाकृष्णन् को जब लुटेरों ने पकड़ा तो उनकी तलाशी पर उन्हें निराशा हाथ लगी। जब उन्हें कुछ नहीं मिला तो उन्हें धक्का देकर छोड़ दिया था। अगर राधाकृष्णन् गरीब नहीं होते तो अन्य ब्राह्मण बालकों की तरह उनसे भी आभूषण छीनकर, उन्हें मारकर कुएँ में फेंक देते। यही गरीबी हमारे महान् दार्शनिक के लिए वरदान साबित हुई।

जिस समय राधाकृष्णन् एम.ए. के छात्र थे उस समय यूनिवर्सिटी में भारतीय दर्शन को पाठ्य में शामिल नहीं किया गया था। एक दिन

एक प्रोफेसर ए.जी. हांग ने राधाकृष्णन् की कक्षा में भगवद्गीता पर भाषण दिया। उन्होंने भाषण में यह साबित करने की कोशिश की कि गीता में परलोक की जिन बातों पर जोर दिया गया है, उनसे तथा अन्य धर्मग्रंथों में व्यक्त किए गए विश्वासों से हिंदू धर्म कमजोर पड़ा है। परलोक का इतना अधिक महत्त्व और सबकुछ भगवान् पर छोड़ना धर्म को कमजोर बनाता है।

प्रोफेसर हांग की टिप्पणी राधाकृष्णन् के मन में घर कर गई। उनके मन में यह बात बैठ गई कि अब तक हिंदू धर्म की हार ईश्वर पर निर्भरता की मानसिकता ही है। हिंदुओं के सारे धर्मग्रंथ उन्हें देवता को पूजने और सिर्फ उन पर निर्भर रहने की ही शिक्षा देते हैं; गुरु, देवता और भगवान् की शरण में जाकर रोने-गिड़गिड़ाने की ही बात कहते हैं और आत्मविश्वास एवं स्वाभिमान का अहसास मजबूत रखने का विरोध करते हैं। हमें इतना कमजोर बना देते हैं कि अपने द्वारा किए गए कर्मों के फल भोगने के लिए भी हम साहस नहीं जुटा पाते; जबकि संसार ही तो कर्मक्षेत्र है। राधाकृष्णन् ने इन मर्मों को समझने के लिए बारनेट की पुस्तक 'हिंदुज्म' विल्वर निट्ज की कृति 'स्टडी और भगवद्गीता' तथा स्वामी अभेदानंद लिखित 'थ्री लेक्चर्स ऑन द रिलीजन ऑफ द वेदांत' का अध्ययन किया।

राधाकृष्णन् ने दर्शनशास्त्र में एम.ए. पाठ्यक्रम के साथ-साथ भारतीय दर्शन को भी विशिष्ट अध्ययन में शामिल किया। उन्होंने भारतीय दर्शन की गहराई में जाकर यह निष्कर्ष निकाला कि भारतीय दर्शन संसार के सभी दर्शनों के मुकाबले बेजोड़ है। धर्म के कुछ ठेकेदारों और पुजारियों ने दर्शन की गलत व्याख्या कर जन-सामान्य को गुमराह किया है। उन्होंने कर्म और पुरुषार्थ की व्याख्या करते हुए लिखा कि पिछले कर्मों के फल से हम बच नहीं सकते पर पुरुषार्थ के बल पर कर्मों के फल को प्रभावित कर सकते हैं।

इंद्रियों की भोग की इच्छा को मारना हमारा वेदांत कभी नहीं कहता। परंतु उन्हें ओझल परिस्थितियों के बीच हमें संयमपूर्वक

रचनात्मक दिशा में मोड़ना है।

राधाकृष्णन् ने थीसिस में भारतीय दर्शन और हिंदू धर्म की वैज्ञानिकता एवं मानवता पर प्रकाश डाला है और उन्होंने साबित करने का प्रयास किया कि हिंदू धर्म विश्व में सबसे महान् है। उन्होंने यहाँ तक कह डाला कि जब ईसाइयों के पूर्वज कच्चा मांस खाकर गुजारा करते थे तब भारतीय मनीषी वेदांत दर्शन की स्थापना कर रहे थे।

भारतीय दर्शन और हिंदू धर्म पर थीसिस लिखने पर उन्होंने सोचा था कि कहीं से कोई मदद नहीं मिलेगी। परंतु उनके दर्शनशास्त्र के प्रोफेसर ए.जी. हांग तथा उनके साथियों ने भारतीय दर्शन की थीसिस का न केवल स्वागत किया बल्कि उसे पाठ्यक्रम से बाहर होते हुए भी मान्यता दिलवाई। हांग राधाकृष्णन् की प्रतिभा को जानते थे। वे जानते थे कि राधाकृष्णन् की मेहनत और निष्ठा एक दिन दर्शन की दुनिया में बहुत बड़ा धमाका करेगी।

□

3

दयनीय आर्थिक स्थिति लंदन यात्रा में बाधक

सन् 1909 में जब राधाकृष्णन् ने एम.ए. की परीक्षा उत्तीर्ण की और भारतीय दर्शन पर उनकी थीसिस स्वीकार कर ली गई थी तो उन्हें भारतीय दार्शनिकों की श्रेणी में शामिल कर लिया गया था। जब भारतीय दर्शन को पाठ्यक्रम में लाने का विचार किया जाने लगा तो उस समय उनके मन में लंदन जाकर उच्च अध्ययन की इच्छा जागी। उस समय पैसे की कमी एवं परिवार का भरण-पोषण सुरसा की तरह मुँह बाए खड़ी थी। उन्हें अपनी इच्छाओं का दमन करना पड़ा। उन्होंने परिस्थितियों से विवश होकर चेन्नई में ही रहकर साथ में कोई काम करते हुए अनुसंधान करने का मन बना लिया।

अनेक संस्थानों में नौकरी के लिए प्रार्थना-पत्र भेजने के बावजूद उन्हें निराशा हाथ लगी। हारकर उन्होंने अपनी समस्या प्रो. स्नेकर के सामने रखी। इतने अच्छे छात्र की यह दुर्दशा देखकर प्रो. स्नेकर भावुक हो उठे। उन्होंने चेन्नई में पब्लिक इंस्ट्रक्शन के डायरेक्टर के नाम पत्र लिखकर उन्हें उनके पास भेजा। राधाकृष्णन् के हाथों से लेकर जब डायरेक्टर ने पत्र खोला तो उसमें लिखा था-

This youngman is one of the best men we have had in recent years. Give him a suitable job.

डायरेक्टर ने पत्र पढ़कर ऑफिस असिस्टेंट इंस्पेक्टर ऑफ स्कूल के पद पर उन्हें नियुक्त कर दिया था। कार्यालय शहर से काफी दूर रहने के कारण आने-जाने में बहुत असुविधा होती थी। इसलिए शीघ्र ही मलयालम मास्टर का स्थान रिक्त होते ही उन्हें प्रेसीडेंसी कॉलेज, चेन्नई में नियुक्त कर दिया गया। राधाकृष्णन् मलयालम जानते ही नहीं थे। वे परेशान थे कि आखिर उनका चयन किस आधार पर हुआ। वहाँ के प्रधानाचार्य ने उनकी समस्या हल कर कार्यालय में कार्य दे दिया। फिर उन्हें दर्शनशास्त्र के प्रवक्ता के पद पर नियुक्त किया गया। यह तो उनकी मन की मुराद पुरी हुई; क्योंकि दर्शनशास्त्र पढ़ाने की उनकी हार्दिक इच्छा थी। सन् 1910 में उन्हें प्रशिक्षण के लिए भेज दिया गया।

इस दौरान उन्होंने भोजन जमीन पर परोसकर खाया। प्रशिक्षण के लिए जाना तो अनिवार्य था, सो वे चले गए। आठ सदस्योंवाले परिवार का खर्च वहन करना भी उनके लिए मुश्किल था। माँ-बाप, तीन छोटे भाई और पत्नी एवं बच्चे। इतनी सारी जिम्मेदारियों से भी उनके अध्ययन में बाधा नहीं आई। अपने आपको सीमित दायरे में बाँधकर उन्होंने भाइयों के साथ-साथ परिवार का भरण-पोषण किया।

उस समय भोजन के लिए थाली नहीं बल्कि केले के पत्ते इस्तेमाल होते थे। वे उन केले के पत्तों को भी नहीं खरीद पाते थे और भोजन जमीन पर परोसकर खाते थे। नीचे जमीन पर रखकर खाना उस विद्वान् व्यक्ति के लिए कितना कष्टकर होता होगा!

इतने कष्ट उठाने के बाद भी उनकी चुनौतियाँ कम नहीं हुईं। परिवार के भरण-पोषण के लिए अपने जिन मेडल को गिरवी रखा था उनका ब्याज चुकाना इतना मुश्किल था कि वह चुका नहीं पाए। 1913 में साहूकार ने उन पर मुकदमा कर दिया और उन्हें कोर्ट के कठघरे में खड़ा होना पड़ा। उन्होंने कोर्ट में माफी माँगकर दिन-रात मेहनत कर कर्ज चुकाने का वादा किया; परंतु दिन-रात की मेहनत ने उन्हें बीमार कर दिया।

एक दिन बैठे-बैठे उनके दिमाग में एक बात आई कि क्यों न एक पुस्तक लिखकर कॉपीराइटर के हाथों बेच कर्ज से छुटकारा पाया जाए। उन्होंने ऐसा ही किया। अपने दर्शनशास्त्र पर दिए गए भाषण और दार्शनिक विचारों के आधार पर एक पुस्तक की रचना कर डाली, जिसका नाम था 'एसेन्सियल्स ऑफ साइकोलॉजी'। उस

पुस्तक को बेचने पर उन्हें 500 रुपए मिले। अपनी कमजोर आर्थिक स्थिति के कारण प्रशिक्षण के दौरान वे बहुत दिन भाषण में अनुपस्थित रह जाते थे, क्योंकि भाषण के समय वे अपने परिवार के खातिर ट्यूशन कर रहे होते थे। प्रधानाचार्य ने उनके सामने यह प्रस्ताव रखा था कि जितने दिन वे अनुपस्थित रहे हैं उतने दिन उन्हें अपने साथियों के बीच भाषण देना होगा।

राधाकृष्णन् ने प्रधानाचार्य के कथनानुसार इतना शानदार भाषण दिया कि वे हतप्रभ रह गए। भाषण के दौरान अनुपस्थित रहकर भी उन्होंने वह सबकुछ कह डाला जो प्रधानाचार्य महोदय के भाषण से भी प्रखर था। उनसे प्रभावित होकर प्रधानाचार्य ने अनुपस्थित रहने के बावजूद डिप्लोमा देकर उनकी प्रतिभा का सम्मान किया।

राधाकृष्णन् वर्ष 1914 में असिस्टेंट प्रोफेसर बन चुके थे। वे जब दर्शन शास्त्र पढ़ाने के लिए कक्षा में प्रवेश करते थे तो कॉलेज के विद्यार्थी ही नहीं बल्कि बाहर के लोग भी उनके भाषण सुनने के लिए इकट्ठे हो जाते थे। मनोविज्ञान के साथ-साथ ही यूरोपियन दर्शन तथा राजनीतिक दर्शन पर भी उनकी अच्छी पकड़ थी। क्रिश्चियन कॉलेज के प्रोफेसर हांग प्रेसीडेंसी कॉलेज में राधाकृष्णन् के भाषण सुनने के लिए अपने छात्रों को भेज दिया करते थे।

राधाकृष्णन् के जादुई व्यक्तित्व, असाधारण अध्ययन, मधुर व्यवहार ने उन्हें शिक्षकों एवं छात्रों के बीच लोकप्रिय बना दिया था। यहाँ तक कि उनके जन्मदिन को हम सब 'शिक्षक दिवस' के रूप में मनाते हैं।

राधाकृष्णन् का लिबास

घुटनों से नीचे लंबा सिल्क का कोट, जिसमें गरदन तक बटन लगे होते थे। काले बॉर्डरवाली सफेद धोती, पैरों में काले रंग के चमड़े की चप्पल, सिर पर सफेद मलमल की पगड़ी–ये पहनावा आज भी उनकी याद को ताजा करता है।

रामानुजन ने आशीर्वाद माँगा

हमारे महान् गणितज्ञ रामानुजन भी उनके पास आशीर्वाद के लिए गए थे। एक दिन रामानुजन सोए हुए थे तो सपने में देवी ने उन्हें कहा कि लंदन जाने से पहले राधाकृष्णन् से मिलो। इस बात को सच मानकर रामानुजन राधाकृष्णन् से मिलने चल दिए। सन् 1914 की शाम जब पच्चीस वर्षीय प्रो. राधाकृष्णन् चेन्नई स्थित अपने घर पर संस्कृत साहित्य का अध्ययन कर रहे थे तो बीस वर्षीय युवक रामानुजन उनके चरण स्पर्श कर आशीर्वाद माँगने लगे। रामानुजन ने उनसे कहा, "मुझे कैंब्रिज में दाखिला मिल चुका है। कल मैं लंदन के लिए रवाना हो रहा हूँ।" ये बात सुनकर राधाकृष्णन् बहुत खुश हुए, क्योंकि इंग्लैंड जाने की उनकी इच्छा दबी-की-दबी रह गई थी। गरीबी और पारिवारिक दायित्वों ने उन्हें इतना दबा दिया कि वे इंग्लैंड नहीं जा सके थे। राधाकृष्णन् ने उन्हें खुश होकर कहा था, "जाओ, अपने देश का नाम ऊँचा करो। मेरी बहुत-बहुत शुभकामनाएँ तुम्हारे साथ हैं।" यह सुनकर रामानुजन आँखों में अश्रु भरकर सिर्फ इतना कह पाए कि, "कितना अच्छा होता कि जब मैं लंदन पहुँचता तो वहाँ लेने आप आते। आप जैसे महान् प्रतिभाशाली यहाँ यों ही रह गए और मैं...।" इतना सुनकर राधाकृष्णन् ने हँसकर कहा था, "अरे, विद्यार्थी के रूप में लंदन न जा सका तो क्या हुआ, प्रोफेसर के रूप में मैं जरूर जाऊँगा।" उस भेंट के बाद फिर दोनों जीवन में नहीं मिले।

अध्ययनशील राधाकृष्णन्

राधाकृष्णन् अपने अध्ययन के कारण दोस्तों के बीच ईर्ष्या के पात्र बने रहे, क्योंकि वे दोस्तों के बीच बैठकर गप्पें मारने से कहीं पुस्तकों को पढ़ना अधिक अच्छा समझते थे। प्रायः लोग पढ़ने के बाद नौकरी करके जीवन में मौज-मस्ती करना ही जीवन का अंतिम लक्ष्य मानते हैं। राधाकृष्णन् ने तो अपने जीवन को सिर्फ

अध्ययन कार्य में लगाया और जीवन में एक के बाद एक ऊँचाइयों को चढ़ते जाना ही उनका लक्ष्य था। अगर वे अपने लक्ष्य के अंतिम पड़ाव में एक अध्यापक बनकर ही मान लिए होते तो आज हम उस महान् दार्शनिक को एक उत्कृष्ट राष्ट्रपति के रूप में देखने से वंचित रह जाते। सच्चे महापुरुष किसी एक उपलब्धि से बाँधे नहीं जाते कि वह आए तो रुक जाए और जीवन की अंतिम उपलब्धि मानकर संतुष्ट हो जाए। राधाकृष्णन् ऐसे ही व्यक्ति थे, जिनकी कोई सीमित मंजिल न थी। उनके अंदर तो ज्ञान और अभिव्यक्ति की असीमित भूख थी। ज्ञान की भूख मिटाने के लिए वे दिन-रात पढ़ते तथा अभिव्यक्ति की भूख की तृप्ति के लिए छात्रों को जमकर पढ़ाते थे और किताब लिखते थे।

क्रिश्चियन शिक्षण संस्थान से जुड़े रहने के कारण उन्होंने बाइबिल, अंग्रेजी साहित्य एवं यूरोपीय दर्शन का विशद अध्ययन किया था। छात्र जीवन तो उन्होंने छात्रवृत्ति और ट्यूशन के खर्चे से गिन-गिनकर गुजारा था। परंतु फिर भी उन्होंने अध्ययन के मामले में कोई कटौती नहीं की। अपनी पसंद की पुस्तकें वे जरूर खरीदते थे। उनके पास दर्शनशास्त्र की अनेक पुस्तकों के अलावा महान् विचारक प्लेटो, अरस्तू, आइंस्टीन, कांट, लोकी, मिल आदि की पुस्तकें मौजूद थीं। कविता में चौंसर, ब्लोकी लॉन्गफैलो की रचना; इतिहास में प्लूटार्क, फ्राउडी, कार्लाइल आदि की पुस्तकें तथा मनोविज्ञान एवं नीतिशास्त्र की पुस्तकें, डार्विन व थॉमस हर्कले की रचनाएँ और सामयिक वैज्ञानिक रचनाएँ मौजूद थीं।

उन दिनों जब गाँधीजी गोरों के विरुद्ध कालों के अधिकारों की लड़ाई लड़ रहे थे तो राधाकृष्णन् अफ्रीका में किए गए उनके कार्यों से प्रभावित तो जरूर हुए, पर जब उन्होंने गांधीजी से भेंट की तो बातों-बातों में गांधीजी ने कहा कि गाय का दूध न पीओ, वह उसके मांस को निचोड़कर पिया जाता है। इस बात को सुनकर राधाकृष्णन् को लगा कि यह कितनी पिछड़ी मानसिकता है। ये महाशय बीसवीं

शताब्दी में आठवीं शताब्दी की बात कह रहे हैं। माँ का दूध भी तो बच्चों का निचोड़ा होगा तो बच्चा माँ का दूध न पिए।

जब राधाकृष्णन् गांधीजी से मिले तो उनके बहुत सारे प्रश्नों को सुनकर गांधीजी ने कहा था, "तुम बहुत प्रश्न करते हो।" बातों-बातों में गांधीजी ने यह भी कहा कि बेकार के लोग डॉक्टर के पीछे पैसे लगाने में लगे हैं। जंगल में तो हजारों बच्चे जन्म लेते हैं। पर आदिवासी महिलाओं को तो दवा की जरूरत नहीं पड़ती। इस पर तर्कशास्त्र के प्रोफेसर राधाकृष्णन् का गांधीजी से बहुत तर्क-वितर्क हुआ।

□

4

मद्रास से मैसूर तक की यात्रा

मद्रास में जातीय राजनीति जोरों पर थी। ब्राह्मणों का विरोध हो रहा था। इसके प्रभाव से राधाकृष्णन् भी वंचित न रह सके। उन्हें प्रेसीडेंसी कॉलेज से आंध्र प्रदेश के अनंतपुर नामक स्थान पर सहायक प्रोफेसर बनाकर भेज दिया गया। वे समझ नहीं पा रहे थे कि सरकार का आखिर इसके पीछे क्या उद्देश्य है। पर तीन महीने बाद ही उन्हें फिर से प्रेसीडेंसी कॉलेज में बुला लिया गया। मद्रास में ब्राह्मण-विरोधी 'लॉबी' हावी होने के कारण फिर उन्हें कॉलेज से हटाने की चर्चा होने लगी।

ये सब बातें सुनकर उन्होंने अपने बल पर परिवर्तन का फैसला किया। बार-बार प्रेसीडेंसी कॉलेज से हटाया जाना और फिर लौटना वे इसलिए सहर्ष स्वीकार कर रहे थे, क्योंकि उन्हें प्रेसीडेंसी कॉलेज से बहुत लगाव था। बाद में उन्होंने मैसूर विश्वविद्यालय से संपर्क किया। वहाँ के प्रधानाचार्य सी.आर. रेड्डी राधाकृष्णन् से बहुत प्रभावित थे। पर मैसूर सरकार को विभागीय अध्यक्ष पद के लिए विलायत से पढ़कर लौटे व्यक्ति की तलाश थी। यह पद मिस्टर ए.आर. वाडिया, जो कैंब्रिज यूनिवर्सिटी से ग्रेजुएट थे, को दिया गया। परंतु प्रधानाचार्य ने उपाध्यक्ष का पद सृजित कर लिया।

वहाँ भी ब्राह्मण होने के अभिशाप ने उनका पीछा नहीं छोड़ा।

महाराजा ने पहले तो उपाध्यक्ष के पद का विरोध किया, फिर वे प्राचार्य महोदय के कहने पर जब माने तो उन्होंने दूसरी जाति के लोगों को लेने पर दबाव डाला। सौभाग्य से विश्वेश्वरैया मैसूर के दीवान थे। उन्होंने महाराजा से कहा कि अगर आप ब्राह्मण होने के कारण पद पर नहीं रखना चाहते हैं तो मेरी भी छुट्टी कर गैर-ब्राह्मण मेरी जगह भी नियुक्त करें। अगर ब्राह्मण होना इतनी बड़ी सजा है तो गरीब परिवार से आए उस प्रतिभा संपन्न आदमी को आम आदमी के लाभ से वंचित रखिए। महाराजा ने निरुत्तर होकर उन्हें नियुक्त करने

की अनुमति दे दी। वर्ष 1918 में वे मैसूर कॉलेज के अतिरिक्त प्रोफेसर के रूप में नियुक्त हो गए। मैसूर में भारतीय और पश्चिमी दर्शन पढ़ाने के साथ-साथ स्थानीय पंडितों से संस्कृत पढ़ना भी शुरू कर दिया। उनके आंतरिक हृदय में सदैव सीखने की जिज्ञासा रहती थी, जो कभी भी शांत नहीं होती थी।

राधाकृष्णन् हैरान थे कि सर्वश्रेष्ठतम दर्शन धर्म होने के बावजूद हमारे देश का पतन कैसे हो रहा है। इसके लिए उन्होंने पश्चिमी दर्शन का अध्ययन किया तो पाया कि हमारे दर्शन की तुलना में पश्चिमी दर्शन कहीं नहीं ठहरता।

राधाकृष्णन् ने यह सिद्ध करने के लिए कि भारतीय दर्शन ही सर्वश्रेष्ठ है, एक पुस्तक लिखने की ठानी। मैसूर के महाराजा और प्रधानाचार्य के लिए यह गौरव की बात थी कि उनके कॉलेज का प्रोफेसर भारतीय दर्शन को श्रेष्ठ साबित करने के लिए पुस्तक लिखना चाहता है। उन्होंने 'द रीजन इज ए टायर डीरोर्स' नामक पुस्तक की रचना की। राधाकृष्णन् ने पश्चिमी दर्शन पर कोई आक्षेप नहीं किया बल्कि भारतीय उपनिषदों के दर्शन और पश्चिमी दर्शन को आमने-सामने रख दिया। उस समय पश्चिमी विद्वानों के पास लिखी गई पुस्तक को विचारार्थ भेज दिया। बहुत सारे पश्चिमी विद्वानों ने राधाकृष्णन् की सराहना की। कुछ विद्वानों ने आलोचना भी की।

इस पुस्तक की रचना के बाद क्लीमेंट बेव नामक विद्वान् ने आलोचना की, कि लगता है राधाकृष्णन् का ईसाई और पश्चिमी दर्शन का अध्ययन बहुत सीमित है। इन सबके बावजूद अमेरिका और ब्रिटेन के विश्वविद्यालयों से जुड़े छात्रों तथा प्रोफेसरों ने इस पुस्तक को पढ़ने के बाद लॉर्ड हेल्डेन ने राधाकृष्णन् को 11 जून, 1920 को पत्र लिखकर उनके आत्मविश्वास, साहस और प्रयास की सराहना की। राधाकृष्णन् ने भारतीय विचार को पूरी वैज्ञानिकता के साथ आधुनिक परिप्रेक्ष्य में विश्व के समक्ष प्रस्तुत कर यह साबित कर

दिया कि भारतीय दर्शन विश्व का सबसे बेजोड़ दर्शन है। देश गरीब और गुलाम होने के बावजूद भारतीय विचारक किसी से पीछे नहीं हैं। राधाकृष्णन् के प्रयास का असर तो सारी दुनिया पर पड़ा; पर जो दर्शन राधाकृष्णन् ने विदेशी विद्वानों के सामने रखा उसे भारतीय समाज के धर्म के ठेकेदारों ने किसी काम का नहीं समझा, जिसका नतीजा भारतीय समाज का पतन हुआ तथा धर्म और अध्यात्म के आड़े भ्रष्टाचार व व्यभिचार ही पनपा।

मैसूर से कलकत्ता की यात्रा

मद्रास से कलकत्ता की यात्रा भी राधाकृष्णन् के लिए कम कष्टकर नहीं थी। उन्हें मद्रास बहुत प्रिय था, क्योंकि मद्रास में उनका परिवार रहता था और उससे भी प्रमुख कारण था कि मद्रास में प्रेसीडेंसी कॉलेज था। प्रेसीडेंसी कॉलेज उन्हें बहुत प्रिय था। मैसूर सरकार उनकी नियुक्ति के विरुद्ध थी ही, क्योंकि वे ब्राह्मण थे। इसी कारण उनका पद स्थायी नहीं किया गया। तीन साल वहाँ सेवा प्रदान करने के बाद उनका मन ऊबने लगा। हारकर उन्होंने मद्रास प्रेसीडेंसी कॉलेज में स्थानीय प्रोफेसर के लिए मिस्टर डेविडसन को पत्र लिखा। परंतु मिस्टर डेविडसन ने इसके ऊपर कोई विचार नहीं किया; क्योंकि एक तो वे ब्राह्मण थे, दूसरे जूनियर होने के कारण तथा तीसरी ब्रिटिश रिटर्न नहीं होने के कारण योग्य होते हुए भी उन्हें अयोग्य करार दिया गया। अंततः हारकर राधाकृष्णन् को मैसूर से कलकत्ता की यात्रा करनी पड़ी। राधाकृष्णन् की प्रशंसा कलकत्ता विश्वविद्यालय के आशुतोष मुखर्जी तक पहुँच चुकी थी। कुलपति सर आशुतोष मुखर्जी दर्शन विभाग सँभालने के लिए उन्हें बुलाने को आतुर हो गए। अंततः उन्होंने राधाकृष्णन् को पत्र लिखकर कलकत्ता विश्वविद्यालय में आने का निवेदन कर डाला।

मैसूर से मन उखड़ जाने के कारण राधाकृष्णन् कलकत्ता जाने के लिए तैयार हो गए। पर अंदर से विद्वानों की उस नगरी में जाने

से घबरा रहे थे। क्योंकि आशुतोष मुखर्जी ने उन्हें दर्शन विभाग का पूरा दायित्व सँभालने के लिए बुलावा भेजा था। परंतु गुरुदेव रवींद्रनाथ टैगोर के निकट जाकर लाभ उठाने की इच्छा हावी हो चुकी थी। अंततः वर्ष 1921 में मैसूर विद्यालय को छोड़ उन्होंने कलकत्ता प्रस्थान किया। रेलवे स्टेशन पर उन्हें छोड़ने के लिए इतने लोगों की भीड़ आई थी कि इससे पहले किसी के विदाई के समय ऐसा नहीं हुआ था। कॉलेज के छात्र एवं प्रोफेसर सभी की आँखों में आँसू भरे थे। माहौल बड़ा गमगीन हो गया था। इस अश्रु-मिश्रित विदाई को राधाकृष्णन् अपने जीवन में कभी भी भुला नहीं पाए।

□

5

भारतीय दर्शन के सृजन

राधाकृष्णन् जब सन् 1921 में मैसूर से कलकत्ता आए तो उस समय बंगाल में क्रांतिकारी आंदोलन पूरे जोरों पर था। सन् 1909 में ही बंगाल का विभाजन हो चुका था। सरकार इन क्रांतिकारियों पर अनेक जुल्म ढा रही थी। राधाकृष्णन् के दिल में भी देशभक्ति का जज्बा उठता था; परंतु पत्नी, बच्चे, माँ एवं भाइयों का पालन-पोषण रूपी बोझ न चाहते हुए भी उन्हें कुछ न करने के लिए मजबूर कर देता था।

बंगाल का खान-पान एवं रहन-सहन उनकी प्रवृत्ति के विपरीत था, जिससे उन्हें कष्ट महसूस हुआ। वह शुद्ध शाकाहारी ब्राह्मण थे और बंगाल का मुख्य भोजन मछली व भात था। साथ ही वहाँ की भाषा बंगाली वह नहीं जानते थे, जिसने प्रथमत: हलका प्रभावित किया। राधाकृष्णन् निश्चय के पक्के थे। ये सब समस्याएँ उनके विकास में बाधक नहीं बन सकीं। विश्वविद्यालय के कुलपति आशुतोष मुखर्जी चाहते थे कि राधाकृष्णन् का परिचय एक धमाके के साथ हो। इसलिए उन्होंने विश्वविद्यालय के 'सीनेट हॉल' में भाषण का आयोजन रखवा दिया। साथ ही वृहद् रूप में प्रचार-प्रसार करवाया गया कि कलकत्ता विश्वविद्यालय में नवनियुक्त एवं युवा प्रोफेसर राधाकृष्णन् दर्शनशास्त्र के अद्वितीय विद्वान् हैं।

प्रोफेसर डॉ. राधाकृष्णन्

उतनी अल्प आयु में ही इनकी पकड़ भारतीय दर्शन और पश्चिमी दर्शन पर बहुत ज्यादा है, जो एकाधिकार स्वरूप है।

जब राधाकृष्णन् ने भाषण देने के लिए 'सीनेट हॉल' में प्रवेश किया तो आश्चर्य का ठिकाना नहीं रहा। संपूर्ण हॉल प्रबुद्ध व्यक्तियों, विद्वानों, बड़े-बड़े प्रोफेसरों, प्राध्यापकों, विभागाध्यक्षों, विश्वविद्यालयों एवं महाविद्यालय के पदाधिकारियों से खचाखच भरा था।

उन्होंने जब असीम शालीनता का परिचय देते हुए अंग्रेजी में भाषण देना प्रारंभ किया तो श्रोतागण हैरान रह गए। अनेक बार

श्रोताओं ने गंभीर मामले पर चल रहे भाषण पर जोरदार तालियों से उनका स्वागत किया और उनके विचारों का पुरजोर समर्थन किया। बहुत से विद्वान् तो ईर्ष्यायुक्त भावना रखते हुए सोचने पर मजबूर हो गए कि वाकई बेमिसाल प्रतिभा है इस बत्तीस वर्षीय युवक में। हम सभी इससे दुगुनी से अधिक उम्र को पार करते हुए भी वाक्पटुता एवं तर्कशीलता में इससे बहुत पीछे हैं। किसी भी विषय-वस्तु पर इसका सामना नहीं कर सकते हैं। ये सब स्वयं को उनके सामने अपने आपको बौना समझने लगे।

भारतीय प्रतिभाएँ अधिकांशतः प्रतिकूल परिस्थिति व वातावरण, अल्प संसाधन एवं कमजोर संकल्प-शक्ति के कारण अधर में लटककर रह जाती हैं। मंजिल तक पहुँचने का सौभाग्य कुछ एक खुशकिस्मत को ही मिल पाता है। सही अवसर और सहयोग के प्रतिफल के रूप में भारतीय प्रतिभाएँ विश्व के मानचित्र में शीर्ष पटल पर होतीं।

राधाकृष्णन् सदैव अपना ध्यान पुस्तकों पर ही केंद्रित रखते थे। पुस्तकों का अध्ययन करते जाते और उसे पेन के द्वारा नोट बुक पर लिखते जाते। राधाकृष्णन् भली-भाँति जानते थे कि भारतीय चिंतन एवं साहित्य परंपरा में ऐसी शैली विकसित करने के बीज मौजूद हैं, जिसकी चिंतन व्याख्या करके मानव जाति को सुखद और सरल जीवन उपलब्ध कराया जा सकता है। वास्तविक जय की तलाश कर उनका पथ प्रदर्शित किया जा सकता है। यही आंतरिक एवं आत्मीय चाह थी राधाकृष्णन् की, जिसे साकार बनाने हेतु वे जीवनपर्यंत प्रयत्नशील रहे।

वर्ष 1921 में कलकत्ता विश्वविद्यालय में नौकरी प्राप्त करने के बाद उन्हें अजीब बौखलाहट हो रही थी। उन्हें एहसास हो रहा था मानो उनकी अंतरात्मा धिक्कार रही थी कि जो उन्हें करना चाहिए वह नहीं कर पा रहे हैं। वे सभी पुस्तकों का अध्ययन कर प्रमुख तथ्यों को पन्नों पर अंकित करते जाते थे।

राधाकृष्णन् लगातार पूरे छह वर्षों तक भारतीय दर्शन की बारीकियों को समझने के प्रयास में लगे रहे। वे जो कुछ भी सिद्धांत एवं तथ्यों को समझते हुए प्रमुखता देते उसे नोटबुक में लिखते जाते। दो वर्ष की जद्दोजहद एवं प्रयास के बाद 'इंडियन फिलॉसफी' का प्रथम खंड 1923 में एवं द्वितीय खंड चार वर्ष बाद 1927 में प्रकाशित हुआ। यूरोपियन इतिहासकार भारत को एक मृत सभ्यता घोषित कर चुके थे। भारतीय विचार परंपरा को पंडितों की कर्मकांडी परंपरा एवं उनकी निजी जागीरदारी समझकर विदेशी विचारकों ने कोई महत्त्व नहीं दिया।

जबकि भारतीय दर्शनशास्त्र समस्त मानव जाति के कल्याण हेतु है एवं कल्याणकारी संपदा तत्त्व से परिपूर्ण है। भारत में आनेवाली ईसाई मिशनरियों ने हमेशा ही भारतीय दर्शन की आलोचना की एवं दयनीय दृष्टि से देखा। उनका एकमात्र मनसूबा ईसाई धर्म को भारतीयों के गले मढ़कर ईसाई बनाना था। परंतु भारतीय चिंतन परंपरा की सबसे बड़ी विशेषता यही थी कि वह अपना धर्म और चिंतन किसी पर अनावश्यक रूप से थोपती नहीं थी।

राधाकृष्णन् द्वारा लिखी गई पुस्तक **'इंडियन फिलॉसफी'** भारत एवं पश्चिमी देशों में बड़ी चाव से पढ़ी गई। पाश्चात्य विचारकों ने इस कृति की जहाँ आलोचना की वहीं राधाकृष्णन् की दार्शनिक शैली और विचारों का दिल खोलकर स्वागत किया गया।

राधाकृष्णन् ने जिस दर्शन की व्याख्या की थी, उसमें हिंदू धर्म या इसलाम धर्म के आधार पर व्याख्या नहीं की थी। ब्राह्मणवाद और सनातन हिंदू धर्म को अपनी कट्टरता और ढोंग के कारण समाज नकार चुका था। इसलिए इन विवादों से बचने के लिए राधाकृष्णन् ने इसे भारतीय दर्शन का नाम दिया।

राधाकृष्णन् ने इस बात पर जोर दिया कि भारतीय दर्शन का मूलाधार आध्यात्मिक अनुभूति है। इस अनुभूति को प्राप्त करने के लिए जीवन में अनुशासित रहना जरूरी है। जिस समय राधाकृष्णन्

की पुस्तक 'इंडियन फिलॉसफी' प्रकाशित हुई, उस समय भारतीय स्वतंत्रता संग्राम चरमोत्कर्ष पर था। गांधीजी के नेतृत्व में पूरा देश एकजुट हो चुका था। राधाकृष्णन् भी राजनीति में रुचि लेने लगे थे। उस समय आवश्यकता थी कि देश के लोग अपने अतीत की महानता को ध्यान में रखकर पश्चिम की अच्छाइयों को भी अपने विचार के साथ समाहित करें। परंतु हमारे देश का यह दुर्भाग्य था कि कुछ लोग भारतीय संस्कृति एवं विचार से ऐसे चिपके पड़े थे, जो डरते थे कि कहीं पश्चिमी वैचारिक हवा का झोंका हमारी जीवन-शैली की परंपरा को उड़ाकर न ले जाए, हमारी संस्कृति को महाशून्य में विलीन न कर दे। और कुछ पश्चिमी जीवन-दर्शन को दोनों हाथों से स्वागत करने को तैयार थे। राधाकृष्णन् ने दोनों से अलग अपने आपको तटस्थ रखकर अपनी पुस्तक में दोनों लोगों की खिंचाई की।

राधाकृष्णन् को कलकत्ता विश्वविद्यालय के दर्शन विभाग में अध्यक्षता हासिल करने के लिए बहुत धैर्य का परिचय देना पड़ा था। वे गरीब छात्रों की आर्थिक मदद किया करते थे। राधाकृष्णन् को कलकत्ता विश्वविद्यालय में आने के बाद जी-तोड़ मेहनत करनी पड़ी थी। एक ओर अध्यक्ष पद के लिए प्रयास था और दूसरी ओर वे भारतीय विचार को विश्व के सामने साबित करने की कोशिश कर रहे थे।

सर सी.वी. रमण जिस प्रकार विज्ञान के क्षेत्र में भारत को एक महाशक्ति साबित करने का प्रयास कर रहे थे उसी प्रकार राधाकृष्णन् दर्शन के क्षेत्र में भारत की महत्ता को विश्व मंच पर स्थापित करने को लेकर प्रयासरत थे। 'इंडियन फिलॉसफी' के प्रकाशन के बाद राधाकृष्णन् की चर्चा भारतीय और पाश्चात्य विद्वान् के रूप में होने लगी थी। कलकत्ता विश्वविद्यालय में दर्शन विभाग का अध्यक्ष पद प्राप्त करने के बाद उन्होंने महान् विचारकों को इकट्ठा करना शुरू कर दिया। उन्होंने भारतीय और अंग्रेज विद्वानों को शामिल कर कार्यकारिणी समिति गठित की, जिसके चेयरमैन वे स्वयं बने। वर्ष

1925 में प्रथम अधिवेशन की बैठक बुलाई गई। इसके प्रथम अध्यक्ष रवींद्रनाथ टैगोर बनाए गए। वर्ष 1923 में आशुतोष मुखर्जी का निधन हो गया। इससे राधाकृष्णन् को गहरा धक्का लगा, क्योंकि राधाकृष्णन् को आशुतोष मुखर्जी ने ही बड़े अरमानों से बुलाया था। राधाकृष्णन् को इस बात का बहुत अफसोस था कि कलकत्ता में रहने के बाद भी तीन वर्ष में वे सिर्फ तीन बार ही आशुतोष मुखर्जी से मिल पाए थे। आशुतोष मुखर्जी को मन से पूरा विश्वास था कि एक-न-एक दिन राधाकृष्णन् भारत का नाम अवश्य रोशन करेंगे।

□

6

लंदन में भाषण

वर्ष 1926 में लंदन में ब्रिटिश साम्राज्य के अधीन देशों की एक अंतरराष्ट्रीय कांग्रेस की कॉन्फ्रेंस बुलाई गई। कलकत्ता विश्वविद्यालय की ओर से राधाकृष्णन् को लंदन भेजा गया। ब्रिटेन के प्रसिद्ध दार्शनिक हेल्डेन, जो राधाकृष्णन् के बहुत प्रशंसक थे, उन्होंने मैनचेस्टर कॉलेज में उनका भाषण रखवाया।

राधाकृष्णन् के लिए यह एक सुनहरा अवसर था। द हिंदू व्यू ऑफ लाइफ के विषय में प्रो. राधाकृष्णन् ने कहना शुरू किया–"हिंदू धर्म कर्म फल के सिद्धांतों को मानता है। हिंदू धर्म को विश्वास है कि मनुष्य जैसा कर्म करता है उसका फल उसे भुगतना पड़ता है। कर्मफल का सिद्धांत मानने से मनुष्य बुरे कर्म से बच जाता है। उसका मन बुरे कार्य करने से डरता है। अतः वह अच्छा कार्य करता है, बुरे कार्य से बचता है। संसार को हिंदू माया मानता है। सर्वोच्च सत्य (ईश्वर) के ठीक विपरीत संसार नश्वर है। वह सदा बदलता रहता है; जबकि ईश्वर अमर है, आत्मा अमर है, वह कभी नहीं बदलती। मनुष्य के अंदर चेतना है, वहीं आत्मा है और परमात्मा का अंश है। हिंदू धर्म में जीवन को चार आश्रमों में बाँटा गया है–ब्रह्मचर्य, गृहस्थ, वानप्रस्थ एवं संन्यास। हिंदू धर्म में स्त्री–पुरुष

की भूमिका ऐसी है कि कोई किसी की तुलना में अपने आपको बड़ा या तुच्छ नहीं समझे।'' लंदन में राधाकृष्णन् ने इस प्रकार चार दिन तक भाषण दिया। जब वे भाषण देते थे तो सुनने के लिए सीनेट हॉल खचाखच भरा होता था। मैनचेस्टर कॉलेज के प्रिंसिपल तो उनके विचारों से इतना प्रभावित हुए थे कि वे हिंदू धर्म मानने लगे थे। सच कहा जाए तो राधाकृष्णन् के भाषण का लंदन में इतना प्रभाव पड़ा कि बहुत सारे लोग हिंदू धर्म के दीवाने हो गए।

राधाकृष्णन् के दिए गए भाषण 'द हिंदू व्यू ऑफ लाइफ' नामक पुस्तक के रूप में प्रकाशित हुआ। राधाकृष्णन् ने अपने भाषण में हिंदू धर्म में फैली कुरीति, छुआछूत, जातिवाद को ढकने का प्रयास किया, जिस कमजोरी के कारण ब्रिटिश मिशनरीज धर्म-परिवर्तन कर रहे थे। इसी कारण ब्रिटिश समाज में प्रशंसा मिलने के बावजूद ब्रिटिश मिशनरियों ने उनके भाषण का विरोध किया। उन्हें डर था कि कहीं ये भाषण धर्म-परिवर्तन की नींव न हिला दे।

उसी दौर के अंतराल में राधाकृष्णन् डॉ. श्यामा प्रसाद मुखर्जी से मिले, जो सर आशुतोष मुखर्जी के बेटे थे। वे श्यामा प्रसाद से, अपने से छोटे होने के बावजूद, भी बाँहें खोलकर मिले और दोनों में बहुत गहरी दोस्ती हो गई। राधाकृष्णन् को ब्रिटेन में बहुत सारे विद्वानों ने भोजन और चाय पर निमंत्रण देकर बुलाया था। ब्रिटेन में दो महीने बिताने के बाद राधाकृष्णन् अमेरिका चले गए। न्यूयार्क में वे आध्यात्मिक गुरु कृष्णमूर्ति से मिले। अमेरिका में उन्होंने हार्वर्ड विश्वविद्यालय में आयोजित अंतरराष्ट्रीय शिखर सम्मेलन में भाग लिया। वहाँ हिंदू जीवन पद्धति पर दिए गए उनके भाषण से लोग वैसे ही मोहित हो गए जैसे शिकागो में स्वामी विवेकानंद के भाषण से। अमेरिका में विद्वानों ने उनसे अपना विचार रखने के लिए कहा तो वे बोले थे, ''दार्शनिक अपना दर्शन मानव जाति के

मानवीय कल्याण के लिए तैयार करे। सर्वोच्च सत्ता के महत्त्व को स्वीकार किए बिना, उत्तम गुण एवं सिद्धांतों को धारण किए बिना मानव जाति बेहतर भविष्य कायम नहीं कर सकती।'' राधाकृष्णन् के इस उद्‌गार से अमेरिकी विद्वान् दंग रह गए। पश्चिमी देशों में राधाकृष्णन् की यह पहली यात्रा थी। इस यात्रा में उन्हें बहुत सराहा गया। जब वे भारत लौटे तो उनका भव्य स्वागत किया गया। उस समय राधाकृष्णन् विदेशों में अपनी धाक जमाकर आए थे, जब भारत अंग्रेजों के हाथों गुलाम था और स्वतंत्रता आंदोलन पूरे जोरों पर था।

ऑक्सफोर्ड विश्वविद्यालय में अध्यापन

वर्ष 1928 में राधाकृष्णन् को ऑक्सफोर्ड विश्वविद्यालय में पढ़ाने के लिए बुलवाया गया। यह उनके लिए बहुत खुशी का क्षण था। उनके मन में ऑक्सफोर्ड में पढ़ने की बहुत इच्छा थी, जो उनकी गरीबी के कारण दब चुकी थी। पर राधाकृष्णन् को कलकत्ता विश्वविद्यालय से इतना लगाव हो चुका था कि वे कलकत्ता छोड़कर लंदन जाने को तैयार न थे। परंतु उन्होंने एक वर्ष के लिए मैनचेस्टर विश्वविद्यालय में पढ़ाने की अनुमति दे दी।

वर्ष 1929 में राधाकृष्णन् विलायत जरूर गए, पर मैनचेस्टर विश्वविद्यालय में भाषण नहीं दे सके। क्योंकि राधाकृष्णन् को भारतीय और पश्चिमी दर्शन के तुलनात्मक पहलू पर भाषण देने को कहा जाता था। राधाकृष्णन् तो ऐसी विचारधारा के दार्शनिक थे, जो न पूर्व के पक्षधर थे, न पश्चिम के। राधाकृष्णन् आत्ममंथन से ये बात समझ गए कि पूर्व का अध्यात्म और पश्चिम का विज्ञान अगर मिल जाएँ तो मानव धर्म का उदय होगा, वह सबको स्वीकार होगा। उन्होंने धर्म के प्रति मानव निष्ठा के बारे में कहा कि बहुत सारे मनुष्य धर्म के रहस्य और ईश्वर की सान्निध्यता की अनुभूति

नहीं कर पाते, पर फिर भी अपनी धार्मिक मान्यताओं के बीच संतुष्ट रहते हैं। सब मिलाकर ईश्वर को पूरी तरह निरपेक्ष मानते थे। वह मनुष्य के लिए आदर्श तो है, पर पकड़ से परे है।

□

7

मुकदमा हुआ

राधाकृष्णन् ने सन् 1926 से 1929 तक कलकत्ता और लंदन के ऑक्सफोर्ड विश्वविद्यालय में सेवाएँ प्रदान कीं। विदेश यात्रा के दौरान उन्होंने पश्चिमी देशों में बहुत नाम कमाया। उनकी गिनती विश्व के महान् दार्शनिक के रूप में होने लगी थी; क्योंकि राधाकृष्णन् ने पूर्व और पश्चिम दोनों दर्शन को मिलाकर एक ऐसा सेतु बनाया, जिससे चलकर दोनों एक-दूसरे की ओर आ सकते थे। इतने बड़े काम के लिए राधाकृष्णन् को बहुत बधाइयाँ मिलीं, परंतु यह देश का दुर्भाग्य ही था कि दो महान् हस्तियाँ जदुनाथ सिन्हा और रामानंद चटर्जी ने राधाकृष्णन् के खिलाफ दुष्प्रचार करना शुरू कर दिया। दुष्प्रचार का कारण सिर्फ यह था कि राधाकृष्णन् ब्राह्मण थे तथा भारतीय धर्म का प्रचार कर ब्राह्मण धर्म का पलड़ा और भारी कर रहे थे।

राधाकृष्णन् ने उन दोनों व्यक्तियों पर मानहानि का दावा ठोक दिया। 10,000 रुपए के नुकसान की भरपाई का निवेदन किया। बदले में उन दोनों ने तथ्य चोरी का इलजाम लगाते हुए 20,000 रुपए की भरपाई का दावा ठोका। चार वर्ष तक मुकदमा चलता रहा। राधाकृष्णन् तनावग्रस्त रहने लगे। परंतु कोई नतीजा नहीं निकला। वर्ष 1933 में रवींद्रनाथ टैगोर के बीच-बचाव से दोनों पक्षों ने अपना

आरोप वापस ले लिया। मुकदमा तो टल गया, परंतु वह राधाकृष्णन् के लिए बहुत पीड़ादायक रहा।

अध्यापन से राजनीति के बीच का मार्ग बने राधाकृष्णन् ने पूर्व और पश्चिम के बीच जो सेतु बनाया था वह उनका विश्व में प्रचार-प्रसार के लिए काफी था। राधाकृष्णन् का दर्शन भारतीय लोगों को पलायन से रोकने और श्रम एवं समृद्धि से जोड़ने की भूमिका अदा कर रहा था तो वहीं पश्चिमी लोगों को सामाजिकता, नैतिक मूल्य और आध्यात्मिक दिशा देने की कोशिश कर रहा था। उनका कहना था कि पश्चिमी और भारतीय प्रतिभाएँ दोनों मिलकर नया संसार बना सकती हैं। वर्ष 1925 में आंध्र प्रदेश विश्वविद्यालय की चर्चा चली और अगले ही वर्ष ब्रिटेन के मैनचेस्टर कॉलेज के प्रिंसिपल सी. आर. रेड्डी कुलपति बनकर आए राधाकृष्णन् ने उनको विश्वविद्यालय की स्थापना में बहुत सहयोग किया। 1927 में जब विश्वविद्यालय का प्रथम समारोह हुआ तो उसमें राधाकृष्णन् विशेष रूप से आमंत्रित थे। उस समारोह में राधाकृष्णन् ने इतना अच्छा भाषण दिया कि चारों ओर उनकी प्रशंसा होने लगी। राधाकृष्णन् से प्रभावित सी. आर. रेड्डी ने उन्हें आंध्र प्रदेश विश्वविद्यालय में बुला लिया। दो वर्ष तक राधाकृष्णन् ने विश्वविद्यालय में कार्य कर दर्शन विभाग को शीर्ष पर पहुँचाया।

उस समय भारत में स्वतंत्रता आंदोलन जोरों पर था। अंग्रेज सरकार की ओर से सी.आर. रेड्डी पर यह दबाव आया कि गांधीजी द्वारा चलाए जा रहे सविनय अवज्ञा आंदोलन का विरोध करें। परंतु विश्वविद्यालय के सभी प्रोफेसर और छात्र गांधीजी के साथ होने से सी.आर. रेड्डी मजबूर थे, गांधीजी का विरोध संभव नहीं था। इस झंझट से छुटकारा पाने के लिए उन्होंने अपना पद छोड़कर ब्रिटेन जाना ही बेहतर समझा।

अत: राधाकृष्णन् ने रेड्डी के अनुरोध पर विश्वविद्यालय का कार्यभार सँभाला। वे उपकुलपति के चुनाव में अपने प्रतिद्वंद्वी वेंकटरामन

नायडू को हराकर आंध्र प्रदेश विश्वविद्यालय के उपकुलपति बन गए। राधाकृष्णन् परोक्ष रूप से राजनीति में नहीं थे, परंतु कांग्रेस के प्रमुख शीर्ष नेताओं से उनका अच्छा संबंध था। अंतरराष्ट्रीय ख्याति के कारण अंग्रेज सरकार उन पर दबाव नहीं दे सकती थी। इस बीच रवींद्रनाथ टैगोर कई बार उनसे मिलने विश्वविद्यालय आए। उन्होंने राधाकृष्णन् से आग्रह किया कि वे स्वाधीनता आंदोलन में सहायता करें। वे आंदोलन में खुला समर्थन देने की भावना छात्रों में भरें। उनके कहने पर राधाकृष्णन् ने यह नीति बना ली थी कि वे खुलकर कांग्रेस के मंच से भाषण तो नहीं दे सकते, न ही आंदोलन में उतर सकते हैं, पर भारतीय स्वाधीनता आंदोलन के अनुकूल खुलकर कार्य जरूर करेंगे। उनके कॉलेज के कुछ प्रोफेसर ऐसे थे जो स्वाधीनता आंदोलन से सीधा जुड़े थे, पर उन्होंने उन पर आँच न आने दी। अनेक छात्र भी आंदोलन में खुलकर भाग ले रहे थे। राधाकृष्णन् ने उनका भी हौसला बढ़ाया।

उन्होंने छात्रों को कहा कि तुम सब आँख खोलकर देखो कि हमारे देश में आखिर क्या हो रहा है। हमारे स्वतंत्रता सेनानी अपनी जान हथेली पर रखकर स्वाधीनता की लड़ाई लड़ रहे हैं और अंग्रेज सरकार की क्रूरता दिन-प्रतिदिन बढ़ती जा रही है। यह भारत की अस्मिता और उसकी खुशहाली का सवाल है। कोई भी देश गुलामी के बंधन में बँधकर तरक्की नहीं कर सकता। अतः भारत की आजादी नितांत जरूरी है। राधाकृष्णन् के इस विचार का हमारे शीर्ष नेताओं जवाहरलाल नेहरू, रवींद्रनाथ टैगोर तथा गांधीजी पर बहुत प्रभाव पड़ा।

राधाकृष्णन् के उपकुलपति होने पर उन्हें अनेक विश्वविद्यालयों में बुलाने की होड़ लग गई। इलाहाबाद विश्वविद्यालय, मैसूर विश्वविद्यालय एवं कलकत्ता विश्वविद्यालय ने उन्हें कन्वोकेशन भाषण के लिए आमंत्रित किया। अपने भाषण में उन्होंने ऐसी राष्ट्रभक्ति का राग अलापा कि सभी छात्रों में राष्ट्रभक्ति की लहर

दौड़ पड़ी। उत्तेजित होकर सभी आंदोलन में कूद पड़े। रवींद्रनाथ टैगोर ने स्वतंत्रता आंदोलन के लिए छात्रों को उकसाने पर राधाकृष्णन् की बहुत सराहना की।

राधाकृष्णन् बड़े परिश्रमपूर्वक साहित्य-सृजन में भी लगे थे। इसी दौरान 'द लीजेसी ऑफ इंडिया' नामक पुस्तक की रचना की। इस पुस्तक में उन्होंने भारत का अतीत और भारतीय संस्कृति की झलक प्रस्तुत की थी। दूसरी पुस्तक उन्होंने भारतीय विचार और पश्चिमी संस्कृति और विचार के आधार पर लिखी, जिसका नाम 'मॉडर्न इंडिया ऐंड द वेस्ट' था। इन्हीं दिनों उन्होंने गांधीजी की आत्मकथा पर आधारित पुस्तक लिखी, जिसका नाम था–'माई सर्च ऑफ ट्रुथ'।

उपकुलपति होने पर भी हर छोटी-से-छोटी समस्या पर नजर रखने के कारण सीनियर-जूनियर शिक्षक-छात्रों के बीच वे बहुत लोकप्रिय थे। सच कहा जाए तो सबकी भावनाएँ सीधी उनसे जुड़ी थीं। विश्वविद्यालय के साथ-साथ उनका लेखन कार्य भी चलता था। उनके लेखन कार्य ने भारत के स्वतंत्रता आंदोलन को बढ़ावा देने में बहुत बड़ा कार्य किया। प्रथम विश्वयुद्ध ने तो सबकी आँखें खोल दीं। साम्राज्यवादी देश, जो गरीब देशों का शोषण करते हैं, उसमें किसी का भला नहीं है। न शोषक देश को, न शोषित देश को। 19वीं सदी विश्व के इतिहास में एक ऐसी सदी थी, जिसमें एक-दूसरे देशों को गुलाम बनाने की होड़ चली थी। दुनिया में दोनों तरह के देश, जो रक्तपात और हिंसा नहीं चाहते थे तथा जो कमजोर थे और अपनी सुरक्षा नहीं कर पाते थे, को गुलाम बनाया। इस सारी स्थिति को देखकर राधाकृष्णन् आए दिन सोचते थे कि कहीं दुनिया का संतुलन न बिगड़ जाए। ऊँचे-ऊँचे विचारों की बातें करनेवाले देश की चपेट में हर गरीब देश न आ जाए। ऐसी स्थिति में उन्हें गांधीजी का सविनय अवज्ञा आंदोलन और अहिंसामूलक दर्शन बहुत अच्छा लगा। उन्हें लगता था, चूँकि पश्चिमी देशों को भौतिकवादी जुनून निकलने

के लिए गांधीवाद बहुत अच्छा है। वे छात्रों के बीच में जब भी भाषण देते थे तो कहते थे कि आजादी के लिए संघर्ष करें, उसे हासिल करना हम भारतीयों का कर्तव्य है। यह हमें नहीं भूलना चाहिए कि हम शिक्षा प्राप्त कर रहे हैं। वह अनेक विसंगतियों और समस्याओं से भरा पड़ा है। भारतीय दर्शन, भारतीय संस्कृति और गांधी का अहिंसावादी दर्शन हमें एक नई दिशा दे सकते हैं।

23 दिसंबर, 1930 को पंजाब विश्वविद्यालय, लाहौर में उन्होंने भाषण देते हुए कहा था कि, "भारत की आजादी अब सुनिश्चित है। दुनिया की कोई ताकत उसे रोक नहीं सकती। विश्वविद्यालय के छात्रों को देश के नेतृत्व के लिए तैयार रहना चाहिए। ब्रिटेन ने हमें बहुत कुछ दिया है, परंतु इसका अर्थ यह तो नहीं हम पूरी जिंदगी विदेशियों पर निर्भर रहें। यह समय देश की राष्ट्रीय एकता को मजबूत बनाने का है।"

राधाकृष्णन् के भाषण देश-विदेश के समाचार-पत्रों में छपे। कांग्रेस ने गांधीजी की विचारधारा के महत्त्व देने पर उन्हें बहुत धन्यवाद दिया, परंतु अंग्रेज सरकार के कान खड़े हो गए। उन्हें लगने लगा कि यह विद्वान् दार्शनिक शिक्षा के सम्मानित पद का इस्तेमाल कर भारत के स्वतंत्रता आंदोलन के लिए कार्य कर रहा है। परंतु राधाकृष्णन् ने अपना अभियान जारी रखा।

13 नवंबर, 1934 को इलाहाबाद विश्वविद्यालय के कन्वोकेशन भाषण ने तो और बवाल खड़ा कर दिया। उन्होंने कहा कि सारी दुनिया साम्राज्यवादी ताकतों के हाथों कुचल जाने के लिए विवश है। कुछ देशों में तो विनाशक नीति की प्रतिक्रिया उभरकर आने लगी है। हिंसा के बदले घोर हिंसा और परिणाम महाविनाश। ऐसे में महात्मा गांधी ने अंधकार के बीच ज्ञान का छोटा सा दीपक जलाने का प्रयास किया। संसार को हिंसा के रास्ते जाने से रोकनेवाली गांधीजी की अहिंसावादी विचारधारा ही है। उन्होंने विश्वविद्यालय के छात्रों से जोर देकर कहा था कि, "छात्रों को गांधीजी के विचार पर पूरा ध्यान

देना चाहिए। नहीं तो उग्र राष्ट्रवाद का परिणाम बहुत भयानक होगा। गांधीजी की जीत पूरे भारत की जीत होगी। अंग्रेज कहते हैं कि भारतीय समाज असभ्य है। जिस समाज में छुआछूत जैसी अमानवीय प्रथा प्रचलित हो उसे भला हम सभ्य कैसे कह सकते हैं! अंग्रेजों का यह कहना है कि भारत कभी एक नहीं हो सकता। भारत में इतनी बुराइयाँ हैं कि विकसित देश बनने के बजाय यह खून-खराबे के दौर में चला जाएगा। अतः हम युवा पीढ़ियों को यह साबित करना है कि हम असभ्य नहीं बल्कि आदर्शों और विचारों के वाहक देश हैं। जिन बुराइयों के कारण हम सबको विदेशों में तुच्छ समझा जाता है, उसको उखाड़ फेंकने के लिए गांधीजी कृतसंकल्प हैं। गांधीजी द्वारा बताए मार्ग पर चलकर हम देश में स्वाधीनता का नया सवेरा ला सकते हैं, जिससे हमारा देश खुशहाल और संपन्न होगा।" राधाकृष्णन् ने जब यह भाषण दिया था उस समय जवाहरलाल नेहरू जेल में थे। उन्होंने समाचार-पत्र में छपे इस भाषण को काटकर रख लिया। वे इससे आश्चर्यचकित थे कि जिस बात को कांग्रेस के बड़े-बड़े नेता कहने में भय खाते हैं, उसे राधाकृष्णन् ने देश की जिम्मेदार युवा पीढ़ी के सामने इतनी सहजता से बिना यह परवाह किए हुए रख दिया कि इसका परिणाम बुरा भी हो सकता है। सरकार उन्हें उपकुलपति के पद से हटा भी सकती है। उनका शैक्षणिक भविष्य चौपट हो सकता है।

हुआ भी ऐसा ही, परंतु उनकी अंतरराष्ट्रीय ख्याति उनके लिए ढाल का कार्य करती थी। तत्कालीन वायसराय ने अपने सलाहकारों की एक बैठक बुलाकर उनके ऊपर काररवाई करने के विषय में पूछा। वायसराय के सलाहकारों ने उन्हें एकमत होकर ये कहा कि राधाकृष्णन् पर हाथ डालना खतरे से खाली नहीं होगा; क्योंकि भारत में ही नहीं ब्रिटेन में भी उनके हितैषियों की संख्या बहुत बड़ी है। इन पर हाथ डालना ब्रिटिश हुकूमत को बदनाम करना होगा। प्रसिद्ध कांग्रेसी नेता राजगोपालाचारी ने भी उनके द्वारा दिए गए भाषण के

लिए बधाई-पत्र लिखा। अतः अंतरराष्ट्रीय ख्याति को ढाल बनाकर राधाकृष्णन् ने उपकुलपति रहकर भी अपना विचार अभियान जारी रखा। गांधीजी, नेहरूजी, रवींद्रनाथ टैगोर आदि अनेक भारतीय नेताओं की सहानुभूति उनके साथ थी। वर्ष 1931 से 1936 तक राधाकृष्णन् ने उपकुलपति के पद को बहुत सफलतापूर्वक निभाया। 1936 में उन्होंने बता दिया कि अब वे इस पद पर रहना नहीं चाहते हैं। वे अपने लिए नया उपकुलपति चुन लें। राधाकृष्णन् को हटाकर कोई उपकुलपति नहीं बनना चाहता था। राधाकृष्णन् अपने दायित्व से मुक्त होना चाहते थे। वे पाँच वर्ष तक कड़ी मेहनत के बाद थकान

अनुभव करने लगे थे। उन्हें तो अब विश्राम की आवश्यकता थी।

वर्ष 1936 में भारत का स्वाधीनता आंदोलन पूरे जोर पर था। राधाकृष्णन् जैसा व्यक्ति वैसे क्षणों में भला विश्राम कैसे कर सकता था। उनकी अंतरात्मा बार-बार उन्हें भारत के लिए कुछ करने के लिए उकसाती थी। राधाकृष्णन् के अंदर आवाज उठी थी कि अपने जीवन को खुला छोड़ उन कामों में लगें जो उनके अलावा कोई नहीं कर सकता। पश्चिमी समाज के बीच जाकर भारत के महत्त्व को स्थापित करना है। भारत के स्वधीनता आंदोलन के प्रति विदेशी समाज से सहानुभूति प्राप्त करनी है। भारतीय संस्कृति और दर्शन को पूरी मानवजाति में फैलाना है। भारतीय विचारों को संसार में फैलाकर नई सभ्यता का मार्ग प्रशस्त करना है।

□

8

पश्चिम में विचार अभियान

वर्ष 1936 में भारत में बिखरे कामों को समेटने के बाद उन्होंने ऑक्सफोर्ड विश्वविद्यालय और कलकत्ता विश्वविद्यालय दोनों में व्याख्यान देने का काम स्वीकार किया। अब उन्होंने कलकत्ता विश्वविद्यालय एवं ऑक्सफोर्ड विश्वविद्यालय दोनों में कार्य करना स्वीकार किया। वे वर्ष में 6 महीने लंदन में रहकर ऑक्सफोर्ड विश्वविद्यालय में तो 6 महीने भारत में रहकर कलकत्ता विश्वविद्यालय में पढ़ाते थे।

ब्रिटेन में रहने पर वे अपने आपको सिर्फ विश्वविद्यालय तक ही सीमित नहीं रखते थे, विभिन्न संस्थाओं द्वारा आमंत्रित किए जाने पर भाषण देने जाया करते थे। उसमें उन्होंने भारतीय संस्कृति, विचार, भारत की दशा तथा अंग्रेजी शासन के अत्याचारों से पीड़ित भारत की तसवीर ब्रिटेनवासियों के सामने रखा करते थे। उन्होंने ब्रिटेन के लोगों के बीच यह संदेश पहुँचाने की कोशिश की कि ब्रिटेन को भारत को गुलाम रखना उचित नहीं है। कुछ दिन लंदन में रहने पर उनका परिवार भी भारत से लंदन चला गया; परंतु कुछ दिन रहने के बाद पत्नी और दोनों बेटियाँ भारत लौट आईं।

राधाकृष्णन् उस समय 49 वर्ष के हो गए थे। उन्हें अपनी उम्र में कठिनाई अनुभव हो रही थी। क्योंकि छात्र युवा प्रोफेसर को

अधिक पसंद करते हैं। उनके चुलबुलेपन और अल्हड़ता का स्थान अब जिम्मेदारी और समझदारी ने ले लिया था। परंतु फिर भी उनमें आकर्षण था, जिससे छात्र उनकी ओर खिंचे चले आते थे। उनकी विद्वत्ता ही ऐसी थी कि उनका भाषण सुनने के लिए विद्वान् भी लालायित रहते थे। बढ़ती उम्र उनके मन में दुष्प्रभाव डाल रही थी। पर यह मन की बात वे किसी से कहते नहीं थे। वह अपने बारे में बहुत सतर्क रहा करते थे। वह अपनी समस्याओं के बारे में किसी से नहीं कहा करते थे।

वर्ष 1939 में हिटलर द्वारा जब वारसा की संधि को फाड़कर फेंका गया था तो मित्र राष्ट्र उसे बहुत बड़ी चुनौती समझकर युद्ध करने के लिए तैयार हो गए। द्वितीय विश्वयुद्ध के बादल आसमान में मँडराने लगे थे। ब्रिटेन को नजदीक रहने के कारण अगुवाई उसे ही करनी थी। उस समय गांधीजी भारत में अहिंसा आंदोलन चला रहे थे। उनकी बात सुनी गई होती तो शायद द्वितीय विश्वयुद्ध टल जाता। उस समय राधाकृष्णन् ने निबंध लिखकर यह साबित करने की कोशिश की कि, 'भारत ब्रिटेन का मित्र है। भले ही ब्रिटेन भारत को गुलाम बनाए हुए है। अंग्रेज उस पर अत्याचार कर रहे हैं। पर भारत कभी ब्रिटेन का बुरा नहीं चाहता। अतः ब्रिटेन रंगभेद और साम्राज्यवादी नीतियों को वापस ले। गांधीजी का अगर अंग्रेज कौम गहराई से अध्ययन करे तो उसे मालूम हो जाएगा कि जितना भला गांधीजी भारतीयों का चाहते हैं, उससे भी ज्यादा भला अंग्रेजों का भी चाहते हैं। अंग्रेज समझदार हैं, इसलिए अपनी गलत नीतियों को उन्हें समेटना होगा।'

राधाकृष्णन् के ये निबंध इतने लोकप्रिय हुए कि अंग्रेज विद्वानों ने भी इन निबंधों को सराहा। पर द्वितीय विश्वयुद्ध को भला कौन टाल सकता था! उसमें लगभग 6 करोड़ से ज्यादा लोग तबाह हो गए।

□

9

राधाकृष्णन् दक्षिण अफ्रीका में

वर्ष 1939 में जब हिटलर ने ब्रिटेन और फ्रांस की छत्रच्छायावाले देश को निशाना बनाना शुरू किया तो द्वितीय विश्वयुद्ध प्रारंभ हो गया। राधाकृष्णन् उस समय लंदन के ऑक्सफोर्ड विश्वविद्यालय में थे। वे 15 साल के लिए अनुबंधित थे। उनका बेटा भी लंदन में पढ़ता था। बेटे की शिक्षा के लिए उनका लंदन में रहना जरूरी था; पर मन-ही-मन उन्हें इस बात के लिए आत्मग्लानि थी कि अपने स्वार्थ और अपने परिवार की खातिर अपना समय बरबाद कर लिया। विश्व शांति के लिए उन्हें काम करना चाहिए था, जो समय पारिवारिक भरण-पोषण के लिए नौकरी करके उन्होंने गँवा दिया। वे तो दुनिया को चीख-चीखकर बताना चाहते थे कि भारत का विचार तो भारत की आत्मा है। लंबे समय से विदेशी आक्रामकों के हाथों पिटकर अपने आपको लुटाकर अपनी आत्मा को मार चुका है। आजादी इसके लिए बहुत जरूरी है। जब हम खुले आकाश में साँस ले पाएँगे, तभी हमारा वास्तविक विकास होगा। अतः राधाकृष्णन् अपने बेटे का मोह त्यागकर दक्षिण अफ्रीका जा पहुँचे। दक्षिण अफ्रीका में अंग्रेज विद्वानों ने राधाकृष्णन् का भव्य स्वागत किया। उनके भाषणों में इतनी भीड़ होती थी कि हर भाषण स्थल छोटा पड़ जाता था। दूर-दूर तक से लोग उनके

एक समारोह में डॉ. राधाकृष्णन्

भाषण सुनने आते थे। अपने भाषण में उन्होंने भारतीय दर्शन और जीवन-शैली के महत्त्व पर प्रकाश डाला तो दूसरी ओर अंग्रेजों की साम्राज्यवादी नीति और जातीय घृणा की उन्होंने बहुत निंदा की। उन्होंने कहा कि, ''गोरा रंग होने से किसी को यह अधिकार नहीं है कि काले रंगवाले को अपना गुलाम बनाए। अगर यह स्थिति रही तो भविष्य में इसका मूल्य चुकाना पड़ेगा। राधाकृष्णन् ने यह भी कहा था कि लोग धोखे में न रहें कि किसी को आजादी दिलाने ईश्वर आएगा। ईश्वर निरपेक्ष है। वह न किसी को बचाता है और न किसी को लड़ाता है। घृणा, जातिवाद, गरीबी,

अमीरी हमने पैदा की हैं। इसमें ईश्वर का क्या दोष है; परंतु हाँ, अच्छे-बुरे कर्मों का फल तो हमें ईश्वर जरूर देता है। धर्म के ठेकेदारों को धर्म को उसकी आत्मा से उसे अलग नहीं करना चाहिए। परंतु अफसोस, लोग ऐसा नहीं करते हैं। धर्म के नाम पर अपना उल्लू सीधा करने के लिए लोगों को आपस में लड़ाते हैं। गांधीजी ने आप लोगों के बीच जो भाईचारे का संदेश दिया उसे आप लोग भूलें नहीं, इसी में सबका कल्याण है।''

राधाकृष्णन् के इस तरह के भाषण से अंग्रेज सरकार सचेत हो गई। उसने अंग्रेज अधिकारियों को राधाकृष्णन् पर नियंत्रण रखने पर जोर दिया। परंतु अंग्रेज अधिकारी भी खुद राधाकृष्णन् के इतने दीवाने हो गए कि वे अपना कर्तव्य भुलाकर उनके सामने झुक गए। राधाकृष्णन् पर दबाव न रखनेवाले दो अधिकारी स्मठ और हॉफ मायर पर कड़ी काररवाई की गई। राधाकृष्णन् स्वाधीनता आंदोलन में बहुत बड़ा योगदान दे रहे थे। परंतु सच तो यह था कि अभी तक वे कांग्रेस की सदस्यता तक नहीं ले पाए थे।

□

10

कांग्रेस और ब्रिटेन के बीच मध्यस्थता

सन् 1939 में दक्षिण अफ्रीका से लौटने के बाद राधाकृष्णन् भारतीय नेताओं पर भारत में अपनी सरकार बनाने के लिए जोर डालने लगे। देश में स्वाधीनता आंदोलन जोरों पर था। अंग्रेज सरकार किसी-न-किसी बहाने भारत की आजादी को टाल रही थी। उसकी नीति 'फूट डालो और शासन करो' की थी। मुसलिमों के बीच फूट डालकर भारत का बँटवारा कराने पर अंग्रेज सरकार तुली थी। इसमें मुसलिम लीग अंग्रेज सरकार के साथ मिली हुई थी।

मुसलिम लीग की देश-तोड़ नीति कामयाब नहीं हो, इसलिए कांग्रेस और ब्रिटेन के बीच राधाकृष्णन् ने मध्यस्थता का काम किया। कांग्रेस पूर्ण स्वराज्य के सिवा किसी पर सहमत नहीं थी तो अंग्रेज यह कहकर आनाकानी कर रहे थे कि भारत की अंदरूनी स्थिति अच्छी नहीं। युद्ध ने तो एक और बहाना दे दिया कि भारत जब तक युद्ध में साथ नहीं देगा तब तक हम लोग आजादी पर कोई विचार नहीं कर सकते। युद्ध समाप्त होने पर कुछ सोचा भी जा सकता है। कांग्रेस अंग्रेजों की बोल करके मुकर जानेवाली चाल से वाकिफ थी। वह अंग्रेजों का युद्ध में साथ नहीं देना चाहते थे। परंतु महात्मा गांधी सोचते थे कि अगर हम अंग्रेजों का साथ नहीं देंगे तो ये मुसलिम लीग के साथ मिलकर देश को टुकड़े-टुकड़े कर देंगे तो हम क्या

किंग जॉर्ज के साथ डॉ. राधाकृष्णन्

करेंगे? अंग्रेज सरकार के हाथों में कानून है। अगर कांग्रेस को खत्म कर मुसलिम लीग को जिम्मेदार संगठन घोषित कर दिया जाएगा तो हमारी अगली पीढ़ियाँ इसका मूल्य चुकाते-चुकाते तबाह हो जाएँगी।

राधाकृष्णन् ने इस स्थिति से बचने के लिए बुद्ध जैसा मध्यम मार्ग अपनाया। अंग्रेज सरकार को विश्वास में लेकर उन पर कोई चोट न पहुँचाने का वचन लिया और कहा कि भारत को युद्ध से पहले स्वायत्तशासी देश घोषित कर दे। कांग्रेस और मुसलिम लीग दोनों मिलकर देश की सरकार बनाएँ और ब्रिटेन भारत को अपने संघ का हिस्सा मानते हुए पूरा सहयोग दे। परंतु दुर्भाग्य से राधाकृष्णन् की नीतियाँ न कांग्रेस को पसंद आईं, न ब्रिटेन को। कांग्रेस की नीतियाँ गांधीजी के पीछे चलती थीं। गांधी का अंग्रेजों के प्रति विश्वास उठ

चुका था। इसलिए गांधीजी भी इस पर तैयार नहीं हुए।

राधाकृष्णन् के लिए एक परेशानी यह थी कि वे न कांग्रेस के सदस्य थे और न कोई राजनीतिक व्यक्ति। वे तो अपने दार्शनिक विचारों के कारण इतना उठ गए थे कि भारतीय जनता उन्हें प्यार करने लगी थी और अंग्रेज भी उनका आदर करने लगे थे। गांधीजी पूरे मन से राधाकृष्णन् के साथ नहीं थे। वे अपने सत्य, अहिंसा और प्रेम के सिद्धांत से चिपके थे। उनके लिए भारत की स्वतंत्रता उतनी बड़ी उपलब्धि नहीं थी जितनी अहिंसा की जीत। वे सोचते थे कि अगर अहिंसा की जीत हुई तो मानव युद्ध की विभीषिका से मुक्त हो रचनात्मक विकास कर पाएगा। गांधीजी ऊँचे आदर्श की कल्पना को साकार करने की धुन में ये भूल गए थे कि दुनिया की समस्याएँ न कभी सुलझी हैं और न कभी सुलझेंगी। राधाकृष्णन् ये मानते थे कि भौतिक और आध्यात्मिक शक्ति दोनों को एक स्थान पर खड़ा कर विश्व की समस्याओं का कुछ हद तक समाधान किया जा सकता है। ब्रिटेन को शायद राधाकृष्णन् मना लेते, क्योंकि पश्चिमी विचारकों एवं बुद्धिजीवियों पर उनका प्रभाव था। परंतु गांधीजी इस पर बिगड़ गए। उन्होंने कठोर शब्दों में राधाकृष्णन् को लताड़ा–*Your languages are your own. You will however let me say that I miss the strength which I would expect from your pen or speech. The message of non-violence demanostrate the utmost strength without a string behind it.*

राधाकृष्णन् को गांधीजी की यह टिप्पणी इतनी चुभी कि उन्होंने अपने भाषण में से 'अहिंसा' शब्द को निकाल ही दिया। वे अपने भाषण में भारत के अध्यात्ममूलक समग्र मानवतावादी सोच की बात आवश्य करते थे। पर अहिंसा द्वारा विश्व में शांति की स्थापना की जा सकती थी, यह कहना उन्होंने छोड़ दिया।

गांधीजी की टिप्पणी के बाद राधाकृष्णन् अपने को राजनीति से अलग कर शिक्षा के क्षेत्र में पूरी तरह लीन हो गए। विश्वयुद्ध के

कारण वे ब्रिटेन से कलकत्ता विश्वविद्यालय में आ गए थे। उन्हीं दिनों पं. मदन मोहन मालवीय की ओर से उन्हें बनारस हिंदू विश्वविद्यालय आने का निमंत्रण मिला। इसके लिए गांधीजी ने भी उन्हें पत्र लिखकर वहाँ सेवा देने के लिए निवेदन किया। दोनों महापुरुषों की बातों को राधाकृष्णन् नहीं टाल सके। परंतु वे कलकत्ता विश्वविद्यालय भी न छोड़ सके। एक दिन कलकत्ता विश्वविद्यालय तो एक दिन बनारस हिंदू विश्वविद्यालय देखते थे। इसके लिए उन्हें रेलगाड़ी से लगातार सफर करना पड़ता था। यह न स्वास्थ्य के लिए ठीक था, न जेब के लिए। अंततः हारकर उन्होंने कलकत्ता विश्वविद्यालय से इस्तीफा दे दिया। उन दिनों बनारस हिंदू विश्वविद्यालय की समस्याएँ इतनी जटिल थीं कि हिंदू कट्टरपंथी विश्वविद्यालय के पाठ्यक्रम और नीतियों में भारी दखल रखते थे। मालवीयजी के लाख प्रयत्न के बावजूद दो लाख रुपए का ऋण हो चुका था। परंतु राधाकृष्णन् के उपकुलपति बनते ही इतना धन आना शुरू हुआ कि कर्ज भी चुकता हो गया और विश्वविद्यालय के विकास एवं विस्तार के लिए काफी धन इकट्ठा हो गया। उस समय विश्वविद्यालय में लड़कियों को वेद की शिक्षा पाने की अनुमति नहीं थी। उपकुलपति होते ही राधाकृष्णन् ने लड़कियों के लिए भी वेदों की शिक्षा शुरू कर दी। उन्हीं दिनों वर्ष 1942 में भारत छोड़ो आंदोलन की घोषणा की जा चुकी थी। राधाकृष्णन् ने छात्रों के बीच ऐसा भाषण दिया कि विश्वविद्यालय परिसर में ही हिंसा भड़क गई। अनेक नेताओं को तो अंग्रेज सरकार ने जेल भिजवा दिया। राधाकृष्णन् राजनीतिक व्यक्ति नहीं थे, इसलिए उन्हें गिरफ्तार तो नहीं किया गया, परंतु विश्वविद्यालय परिसर में अंग्रेज फौज तैनात कर दी गई। वे लोग विश्वविद्यालय के नियम का उल्लंघन कर विश्वविद्यालय परिसर में मांस-मदिरा का सेवन करते और भारतीय संस्कृति विरोधी गतिविधियाँ करते थे। इन सबको राधाकृष्णन् ने बड़े धैर्य से बरदाश्त किया।

राधाकृष्णन् ने उस समय के सात वर्ष का अपना बहुमूल्य

समय लेखन और भाषण देने में बिताया। कभी-कभी उनके मन में राजनीति में जाने का विचार होता था। परंतु वह ऐसा नहीं कर सके। 1945 में द्वितीय विश्वयुद्ध में मित्र राष्ट्र जीत गए। 14 अगस्त, 1945 को भारत का बँटवारा मुसलिम लीग और अंग्रेजों की मिलीभगत से हो गया, जिसकी आशंका राधाकृष्णन् पहले ही व्यक्त कर चुके थे। 15 अगस्त, 1947 को भारत को आजादी तो मिल गई, परंतु पूरे देश में सांप्रदायिक दंगा भड़क उठा। बड़ी मुश्किल से सरदार वल्लभभाई पटेल की साहसिक पहल से रियासतें भारत में विलयित कर ली गईं। कश्मीर का मामला, जो आज भी अधर में लटका है, संयुक्त राष्ट्र संघ में डाल दिया गया। 1948 ई. में जब गांधीजी की हत्या हो गई तो जवाहरलाल नेहरू ने विश्वविद्यालय के झंझटों से राधाकृष्णन् को हटाकर सोवियत संघ का राजदूत बनाकर मास्को भेज दिया।

□

11

राजदूत से राष्ट्रपति तक का सफर

मास्को में आकर राधाकृष्णन् अध्ययन और लेखन कार्य में जुट गए। उन्हें नेहरूजी की नीतियाँ समझ में नहीं आ रही थीं। राधाकृष्णन् के सामने नेहरू जी के आदेश हमेशा गतिशील रहते, जिसका पालन करते हुए सेवाएँ प्रदान करते। राधाकृष्णन् स्वाधीनता आंदोलन से नहीं जुड़े थे, न राजनीति से। शायद इसीलिए उन्होंने चुनाव लड़ने तथा जीतकर मंत्रिमंडल में जाने की बात तक न सोची थी।

13 जनवरी, 1950 को राधाकृष्णन् ने स्टालिन से मिलने की इच्छा व्यक्त की थी। उन दिनों नेहरूजी अमेरिका यात्रा पर थे। यह बात स्टालिन को अच्छी नहीं लगी कि वे सोवियत संघ के परम शत्रु के खेमे में जाएँ और सोवियत संघ में एक ऐसा राजदूत बैठा दें, जो न ही किसी से बात करना जानता है, न किसी से मिलना। स्टालिन से जब राधाकृष्णन् मिलने गए तो उन्होंने युद्ध से बचने की सलाह दी। इसपर उन्होंने कहा था–"जब एक देश झगड़ा करता है तो झगड़ा दूसरे देश की मजबूरी बन जाता है।" इस पर राधाकृष्णन् ने हँसकर जवाब दिया था–*"It takes two to make quarrel but one can stop it."*

राधाकृष्णन् की यह बात स्टालिन को पूरी जिंदगी याद रही।

इंदिरा गांधी, रानी एलिजाबेथ (द्वितीय), राष्ट्रपति राजेंद्र प्रसाद, पं. नेहरू के साथ उप-राष्ट्रपति डॉ. राधाकृष्णन्

अपने सोवियत संघ के तीन वर्ष के कार्यकाल में राधाकृष्णन् कभी किसी से घुल-मिल नहीं पाए।

नेहरूजी जब वर्ष 1947 से 1952 तक भारत की समस्या सुलझाते-सुलझाते परास्त हो गए तो उन्हें असाधारण प्रतिभा के धनी राधाकृष्णन् की याद आई। उन्होंने राधाकृष्णन् को आग्रह कर बुलाया। वे 1952 के चुनाव में उपराष्ट्रपति पद के उम्मीदवार बनाए गए और निर्विरोध उपराष्ट्रपति चुन लिये गए।

अब राधाकृष्णन् देश के सिर्फ उपराष्ट्रपति ही नहीं बल्कि भारत के सारे विश्वविद्यालयों के कुलपति भी बन गए थे और साथ ही देश के आंतरिक मामलों में नेहरूजी के अंतरंग सहयोगी। उन्हीं दिनों कलकत्ता विश्वविद्यालय के उपकुलपति रहे स्व. आशुतोष मुखर्जी के पुत्र तथा भारतीय जन संघ के अध्यक्ष डॉ. श्यामा प्रसाद मुखर्जी की कश्मीर में हत्या कर दी गई थी, जिससे राधाकृष्णन् के

मन में गहरी चोट लगी। नेहरूजी की अनेक समस्याओं को राधाकृष्णन् ने उपराष्ट्रपति पद पर रहते हुए सुलझाया। एक बार नेहरूजी ने सी.डी. देशमुख पर आरोप लगा दिया कि वे अच्छे वित्तमंत्री नहीं हैं। वे बहुत ही ओछी सोचवाले मात्र एक बैंकर हैं। इस पर बहुत बवाल खड़ा हो गया। राधाकृष्णन् ने इस मामले को दोनों तरफ समझौता करके सुलझाया।

वर्ष 1957 में डॉ. राजेंद्र प्रसाद का राष्ट्रपति कार्यकाल पूरा हुआ और राधाकृष्णन् का उपराष्ट्रपति काल। राधाकृष्णन् चाहते थे कि ऐसी परंपरा हो कि हर राष्ट्रपति पाँच साल पर अवकाश प्राप्त कर ले और उपराष्ट्रपति उसका स्थान ले ले। नेहरूजी की इच्छा भी थी कि राजेंद्र प्रसाद के बाद राष्ट्रपति पद के लिए डॉ. राधाकृष्णन् का चुनाव हो। पर इधर मौलाना अबुल कलाम आजाद का नाम उछाला गया तो उधर दलित वर्ग के बाबू जगजीवन राम का नाम उभरा। नेहरूजी इन बातों से माथा पकड़कर बैठ गए। नेहरूजी बेचारे फँस गए थे, क्योंकि मुसलिम नेता को छोड़कर गैर-मुसलिम को राष्ट्रपति बना देने पर बवाल खड़ा हो जाता। यह ऐसा मामला था जिस पर नेहरूजी राधाकृष्णन् से सलाह भी नहीं ले सकते थे। अंततः नेहरूजी ने किसी तरह डॉ. राजेंद्र प्रसाद को ही पाँच साल और पद पर बने रहने के लिए मनाया। परंतु राधाकृष्णन् उपराष्ट्रपति पद पर पाँच साल और रहने को तैयार नहीं थे। राधाकृष्णन् को मनाने जब नेहरूजी पहुँचे तो उन्होंने नेहरूजी को खरी-खोटी सुना दी। जब मौलाना आजाद ने नेहरूजी के आँसू निकलते देखे तो उनका दिल भर आया। मौलाना आजाद ने किसी तरह उन्हें मनाने की कोशिश की। यद्यपि राधाकृष्णन् किसी के आँसू पर पिघलनेवाले इनसान नहीं थे, परंतु उन्होंने इतना अवश्य कहा कि मैं मान जाता हूँ, परंतु इस बात की गारंटी नहीं दूँगा कि इस पद पर पूरे पाँच साल तक रहूँगा।

वर्ष 1957 से 1962 तक के राजनीतिक उतार-चढ़ाव में

राधाकृष्णन् मुश्किल से पाँच साल उपराष्ट्रपति पद पर रहे। उन्हें यह पद उबाऊ लगने लगा था। नेहरू भी अलग-थलग पड़ते जा रहे थे। ऐसी परिस्थितियाँ देखकर राधाकृष्णन् ने नेहरूजी का पूरा सहयोग करने की कोशिश की।

सन् 1962 में राधाकृष्णन् राष्ट्रपति का चुनाव जीत गए। उनके विपक्षी को भारी मतों से पराजय मिली। अब राधाकृष्णन् जैसे विद्वान् राष्ट्रपति पद की शोभा बढ़ाने लगे। राष्ट्रपति बनने के बाद सारी दुनिया से राधाकृष्णन् को बधाई मिली।

राष्ट्रपति बनने के बाद राधाकृष्णन् वे अपने जन्मदिन 5 सितंबर को 'शिक्षक दिवस' के रूप में मनाने की घोषणा की। इस अवसर पर उन्होंने कहा, ''मैं आजीवन शिक्षक रहा हूँ और शिक्षक का हृदय से सम्मान करता हूँ। मेरे जन्मदिन पर श्रेष्ठ शिक्षकों को सम्मान दिया जाएगा, जिससे शिक्षा के क्षेत्र में श्रम और निष्ठा को बढ़ावा मिलेगा।'' 5 सितंबर, 1962 को पहली बार शिक्षक दिवस मनाया गया। तब राधाकृष्णन् 79 वर्ष के हो गए थे। तभी से 5 सितंबर को हर वर्ष भारत में 'शिक्षक दिवस' मनाया जाता है।

जिस वर्ष राधाकृष्णन् भारत के राष्ट्रपति बने, वह वर्ष भारत के लिए बहुत बुरा रहा। चीन ने उसी वर्ष हमला कर दिया। नेहरूजी की विदेश नीति पर प्रश्न चिह्न लग गया। विपक्षियों ने बहुत हंगामा किया। अपने देश में ही इतना बड़ा अपमान सहकर नेहरूजी टूट गए। अंततः राधाकृष्णन् को कार्यपालिका का दायित्व सँभालना पड़ा। यह हमारे संविधान के अनुकूल नहीं था, फिर भी विवश होकर राधाकृष्णन् को यह सब करना पड़ा। उन्होंने अमेरिका, फ्रांस, ब्रिटेन और सोवियत संघ से चीन के विश्वासघात की बातें कीं। संयुक्त राष्ट्र संघ का चीन पर दबाव बढ़ने के कारण उसे युद्ध विराम करना पड़ा। चीनी हमले के समय बेचारे नेहरूजी इतना टूट गए थे कि पक्षाघात के शिकार हो बिस्तर पर आ गए। 27 मई, 1964 को नेहरूजी दुनिया को अलविदा कह गए।

नेहरूजी की मृत्यु से देश में अंधकार छा गया। उसकी भरपाई करना मुश्किल था। नेहरूजी की मृत्यु पर भारत के दार्शनिक राष्ट्रपति राधाकृष्णन् अपने आँसू न रोक पाए। उसके बाद गुलजारीलाल नंदा भारत के कार्यवाहक प्रधानमंत्री बने। जब सदन का चुनाव हुआ तो लालबहादुर शास्त्री प्रधानमंत्री चुने गए। परंतु दुर्भाग्य ने पीछा नहीं छोड़ा। पाकिस्तान ने भारत पर हमला कर दिया। इस बार पाकिस्तान को भारत की शक्ति के आगे घुटने टेकने पड़े। मॉस्को में भारत-पाकिस्तान समझौता हुआ। लालबहादुर शास्त्री की हृदय गति रुक जाने से उनका निधन हो गया। लालबहादुर शास्त्री की मृत्यु ने भारत को झकझोर दिया। मात्र अठारह महीने में ही भारत ने दो महापुरुषों को खो दिया। कांग्रेस की युवा नेता इंदिरा गांधी को प्रधानमंत्री पद के लिए शपथ दिलाई गई। इंदिरा गांधी और राष्ट्रपति राधाकृष्णन् के कार्यकाल में देश का विकास होना शुरू हो गया।

□

12

राष्ट्रपति पद से अवकाश और अंतिम वेला

मई 1967 में डॉ. राधाकृष्णन् का कार्यकाल पूरा हो गया। उन्होंने राष्ट्रपति भवन छोड़ दिया। राष्ट्रपति भवन में वह कभी ठाट-बाट से नहीं रहे। वह सादा जीवन उच्च विचार में विश्वास रखनेवाले व्यक्ति थे। 10 वर्ष के उपराष्ट्रपति और 5 वर्ष के राष्ट्रपति के कार्यकाल में उन्होंने कभी किसी पार्टी का पक्ष नहीं लिया, न ही अपने परिवार के लिए कुछ विशेष रूप से किया। वह एक निष्पक्ष व्यक्ति थे।

वर्ष 1967 से 1973 तक राधाकृष्णन् मद्रास में रहे। उपराष्ट्रपति और राष्ट्रपति बनने के बाद आम जनों से घिरे रहने की उनकी आदत-सी बन गई थी। सेवानिवृत्ति का अकेलापन उन्हें खलने लगा था। शरीर भी उनका साथ नहीं देता था। उनके चाहनेवालों के जब उन्हें पत्र मिलते थे तो आँखों में आँसू छलक आते थे। 1973 में उनका मस्तिष्क सून हो गया। वाणी मूक हो गई। चिकित्सा के बावजूद वे ठीक नहीं हो पाए। सितंबर 1973 में ही फर्श पर फिसलने से कूल्हे की हड्डी टूट गई। अब वे शून्य में निहारते हुए चुपचाप बिस्तर पर पड़े रहते थे। 1975 में उन्हें 'टैंपटन प्राइज फॉर प्रोग्रेस इन रिलीजन' सम्मान दिया गया,

जब उनमें समझ पाने की क्षमता भी न बची थी। सम्मान की समस्त धनराशि ऑक्सफोर्ड विश्वविद्यालय को भिजवा दी गई। 17 अप्रैल, 1975 को डॉ. राधाकृष्णन् दुनिया को अलविदा कह गए।

□

13

राधाकृष्णन् के विचार

डॉ. राधाकृष्णन् के निधन से भारत ने अमूल्य रत्न खो दिया। राधाकृष्णन् उन महामनीषियों में से थे, जिन्होंने भारत की संस्कृति, सभ्यता, दर्शन का गहन अध्ययन एवं मनन किया था। उन्होंने मनुष्य जाति की निरपेक्ष सच्चाई समझने में पूरा जीवन लगा दिया। डॉ. राधाकृष्णन् जिस दौर में राजनीति और लेखन में सक्रिय रहे उस समय अमेरिका और सोवियत संघ के बीच शीत युद्ध चरम पर था। दोनों महादेश हथियारों की होड़ में लगे थे। द्वितीय विश्वयुद्ध में 6 करोड़ से अधिक लोगों की जानें गई थीं, परंतु मानव रक्त-पिपासु कुछ नेताओं की विनाश-आकांक्षा समाप्त नहीं हुई थी। राधाकृष्णन् ने चिंता व्यक्त करते हुए लिखा था–"मानवजाति इतिहास के महान् संकट से गुजर रही है। यह संकट मानवता के साथ विज्ञान और प्रौद्योगिकी के बीच सामंजस्य स्थापित न हो पाने के कारण हुआ। यद्यपि महान वैज्ञानिक आविष्कारों ने हमें प्रकृति की दासता से मुक्त कर दिया है। फिर भी हम एक प्रकार के मनोरोग एवं सांस्कृतिक विघटन से पीड़ित हैं। इसके लिए हमें नैतिक और आध्यात्मिक क्रांति को जन्म देना होगा, जिसमें पूरा विश्व समाहित हो जाए।"

राधाकृष्णन् ने कहा था कि शीत युद्ध का मूल कारण

एक-दूसरे के प्रति घृणा और भय है। जब तक ये बने रहेंगे, शीतयुद्ध कभी समाप्त नहीं होगा। आणविक युग में सत्ता की राजनीति का प्रतीक सांसारिक आधिपत्य नहीं बल्कि सांसारिक नरसंहार होगा। राष्ट्रवाद अब भी एक बहुत बड़ी ताकत है। प्रथम विश्वयुद्ध के बाद राष्ट्र संघ का जन्म हुआ। परंतु जब फिर भी द्वितीय विश्वयुद्ध हुआ तो संयुक्त राष्ट्र संघ का जन्म हुआ। परंतु अफसोस, संयुक्त राष्ट्र संघ की बैठक में अभी भी राष्ट्रीय प्रतिस्पर्धाएँ चलती हैं। यद्यपि वह अपने सिद्धांत समूह एवं मूल्य व्यवस्था द्वारा समस्त मानवता के हितों में शामिल है।

सर्वस्वीकृत धर्म

डॉ. राधाकृष्णन् चाहते थे कि धर्म ऐसे स्वरूप में ढला हो, जो सबको स्वीकार हो। दुनिया के किसी भी कोने में रहनेवाले लोग नियम और सिद्धांत के विरोधी न हों। धर्म करुणा और क्षमा पर आधारित हो। मनुष्य दूसरे के धर्म को नीचा दिखाना और सिर्फ अपने धर्म की अलग पहचान बनाना चाहता है। यही मानव सोच हर मानव को टुकड़ों में बाँट रहा है।

यदि हम परिपक्व मानसिकता का परिचय देना चाहते हैं, नई मानव सभ्यता को जन्म देना चाहते हैं तो हमें धर्म के नए स्वरूप को अपनाना होगा, जिसमें हमें टकराव के स्थान पर जुड़ाव और घृणा के स्थान पर प्रेम को प्रधानता देनी होगी। यदि धर्म को सही स्वरूप देने के लिए प्रत्येक मानव कमर कस ले तो हमारे समाज का स्वरूप निश्चय ही बदला जा सकता है। हमारा भारत इन आदर्शों का सच्चाई के साथ पालन करता है। इसके लिए हमें तो कीमत भी चुकानी पड़ी है। भारत में राजा राममोहन राय, रामकृष्ण परमहंस, स्वामी विवेकानंद, स्वामी दयानंद, रवींद्रनाथ टैगोर, महात्मा गांधी आदि महापुरुषों ने साबित करने की कोशिश की है कि सर्वधर्म के बिना मानव जाति के बीच स्थापना संभव नहीं है।

आधुनिक मानव में दुविधा यह है कि वह जीवन के प्रति निराश है। परंतु मरना नहीं चाहता है। हमें समाजवाद और पूँजीवाद से नहीं लड़ना है। हमें लड़ना है अपनी बुराइयों, आध्यात्मिक अंधेपन से। वर्ष 1945 में एक निराशावादी वैज्ञानिक ने कहा था–बंदर के हाथ में अणु बम जैसा अस्त्र देना सभ्यता के विनाश की गारंटी करना है, यदि हम अणु युग की अविश्वसनीय यथार्थता के साथ अपना सामंजस्य नहीं स्थापित करेंगे।

प्रार्थना का महत्त्व

डॉ. राधाकृष्णन् यह मानते थे कि प्रार्थना का बहुत महत्त्व है। सच्चे मन से की गई प्रार्थना कभी बेकार नहीं जाती है। राधाकृष्णन् कहते थे कि प्रार्थना के द्वारा हम न केवल ईश्वर तक पहुँचते हैं वरन् मनुष्य के हृदय में ईश्वर का प्रादुर्भाव देखते हैं। जब सत्य में अंतर्दृष्टि प्राप्त हो जाती है तब वासनाएँ स्वत: पराभूत हो जाती हैं दुर्भावना मिट जाती है तथा अंत:संघर्ष शांत हो जाता है। जब हमारे अंदर की चिंगारी मुक्त हो जाती है तब वह अग्नि का रूप धारण कर लेती है और संसार को स्वच्छ करती है। परंतु इसकी मुक्ति के लिए यह आवश्यक है कि हम अपने संकुचित अहं, लोभ, क्रोध, मोह, घृणा आदि सभी वासनाओं को–जो व्यक्ति को मरणशील जीवन के अंदर बंद कर देती हैं–समाप्त कर दें। प्रत्येक कार्य पूर्णता के लिए सीढ़ी देता है, उसपर हमें सावधानीपूर्वक चढ़ना चाहिए। आत्म-उपलब्धि का मार्ग कोई यांत्रिक सीढ़ी नहीं जो हमें चढ़े बिना, परिश्रम के बिना मंजिल तक पहुँचा दे। ईश्वर को पाने और अपना उद्धार करने की भावना एक उच्च कोटि की सोच है। हम सच्चे मन से ईश्वर को पुकारें तो निश्चय ही हमारी पुकार सुनी जाएगी। परंतु बहुतों की सोच है कि मुक्ति पाने के लिए संसार को छोड़ना जरूरी है, बल्कि प्रार्थना कर अपने मन को निर्मल बनाना नहीं है। मुक्ति के लिए मानव जीवन में प्रार्थना

सबसे जरूरी है। यह जगत् मनुष्य का कोई निजी स्वप्न नहीं है। जो कुछ यहाँ है और जो कुछ इसके परे है, उन दोनों के बीच में जो असंख्य खाई है उसे प्रार्थना से पार किया जा सकता है। ईश्वर यहाँ भी है और यहाँ से परे भी है, इसलिए ईश्वर की तलाश में हमें भटकना नहीं है। वह तो सभी जगह, सभी वस्तुओं में जहाँ भी देखें वहीं है, सिर्फ सच्चे मन से उसकी तलाश करनी है।

विज्ञान और धर्म

डॉ. राधाकृष्णन् जहाँ मानव जीवन के विविध पहलुओं तथा मानव सभ्यता व संस्कृति के विभिन्न स्वरूपों पर अपने विचार प्रकट करते हैं वहीं विज्ञान और धर्म के विषय में भी अपने विचार प्रकट करते हैं। उन्होंने कहा था कि विज्ञान और धर्म दोनों मानव संस्कृति के दो तत्त्व हैं। ये एक-दूसरे से भिन्न जरूर दिखाई पड़ते हैं, पर एक-दूसरे के पूरक हैं। धर्म और विज्ञान दोनों मनुष्य की मानसिक शक्तियों के विकास की प्रक्रिया से सीधे जुड़े हैं। अंतर केवल यही है कि विज्ञान का क्षेत्र भौतिक और धर्म का क्षेत्र नैतिक तथा आध्यात्मिक है।

डॉ. राधाकृष्णन् के शब्दों में, विज्ञान तथा धर्म दोनों संस्कृति के पहलू हैं। तार्किक एवं आध्यात्मिक दो ऐसे सूत्र हैं जो मानव स्वभाव में अविच्छेद रूप से गुँथे हुए हैं। यद्यपि दोनों के ताने-बाने जुदा-जुदा हैं। मानव इतिहास के विभिन्न युगों में कभी एक का तो कभी दूसरे का महत्त्व रहा है।

राधाकृष्णन् एक सभ्य संसार की रचना में नैतिकता को प्राथमिकता देते थे। उनका कहना था कि भारत नैतिकता के मामले में सबसे आगे है। जिस समाज में नैतिकता नहीं वह समाज मानव समाज नहीं कहा जा सकता। परिष्कृत समाज के लिए नैतिक दायित्व का निर्वाह परम आवश्यक है। महात्मा गांधी नैतिकता के संस्थापकों में सबसे शीर्षस्थ थे। उन्होंने अहिंसा, प्रेम और करुणा

के बल पर अंग्रेज सरकार द्वारा पैरों के तले रौंदे जा रहे भारत को स्वतंत्र करवाया। अपना पूरा जीवन उन्होंने इन्हीं मूल्यों की स्थापना में लगा दिया। सत्य, अहिंसा और करुणा ही तो गांधी दर्शन है।

आजादी की लड़ाई बंदूक के बल पर शायद ही भारतवासी जीत पाते। उस समय युवा वर्ग बहुत उत्तेजित और दृढ़ संकल्प था। युवाओं का कहना था कि मुट्ठी भर अंग्रेज विस्तृत भूभाग और इतनी बड़ी जनसंख्या पर भला कैसे राज कर सकता है। परंतु गांधीजी ने उत्तेजित युवाओं को हिंसा के रास्ते पर जाने से रोका। गांधीजी का कहना था कि सरकार अगर हमारे आंदोलन को कुचलने के लिए हिंसा के रास्ते जाती है, फिर भी हम हिंसा को अपना हथियार नहीं बनाएँगे। अहिंसा ही हमारा ऐसा हथियार है जिसे कोई छीन नहीं सकता। सत्याग्रही अपनी जान दे सकते हैं, पर हार नहीं सकते; क्योंकि वे सत्य की जमीन पर खड़े हैं। उनका हथियार अहिंसा है। उनका नारा था–मारेंगे भी नहीं, हटेंगे भी नहीं। डॉ. राधाकृष्णन् के विचार गांधीजी से मेल नहीं खाते थे, परंतु गांधीजी के लिए उनके हृदय में असीम श्रद्धा थी। वे जानते थे कि गांधीजी एक ऐसा व्यक्तित्व है, जो हर संकीर्णता को चीरकर व्यापक मानवीय परिप्रेक्ष्य में अधनंगा खड़ा है और अंधभूखा भी रहता है, ताकि वह अपने देश और दुनिया के आम आदमी की जिंदगी को आवश्यकता और सुविधा के स्तर पर जीकर जान सके।

डॉ. राधाकृष्णन् अपनी पुस्तक 'भारतीय संस्कृति' में लिखते हैं–''अब आधारभूत समस्या इस या उस राष्ट्र का या समूह की विजय नहीं है। यह मनुष्य के जीवित बचने या आत्महत्या करने की समस्या नहीं है। यह निर्णय लेने का अवसर है, निराशाजनित अवसाद में डूब जाने का नहीं। अपनी समस्याओं का समाधान स्वयं हमें तलाशना होगा। इसे 'दैवयोग ही समझो' पर नहीं छोड़ा जा सकता। आज किसी राष्ट्र के जीवित रहने के अधिकार की परख की माप शस्त्रीकरण या आकार से नहीं बल्कि वह कितना मानव

समाज के लिए चिंता रखता है, इससे है। अतः नैतिक सिद्धांतों की ग्रहण ही वास्तविक धर्म है।''

युद्ध न हो

डॉ. राधाकृष्णन् विद्वान्, दूरदर्शी दार्शनिक एवं एक महान् राजनयिक थे। उन्होंने मानव जाति की भावना और विचारों का गहन अध्ययन किया था। वे इस नतीजे पर पहुँचे थे कि इनसान की छोटी सी भूल ही युद्ध को जन्म देती है। परंतु युद्ध का अंत बहुत दुःखदायी होता है। अच्छाई पर बुराई की जीत के लिए हम सदियों से प्रयासरत हैं, परंतु आज भी हम असफल हैं। प्राकृतिक आपदाओं को अगर हम एक ओर रख दें तो भी मनुष्य द्वारा खड़ी की गई बाधाएँ इतनी अधिक हैं कि अगर एक कदम हम आगे बढ़ाते हैं तो दो कदम हमें पीछे हटना पड़ता है।

परमाणु शक्ति की होड़ में आज हम बहुत खतरनाक दौर से

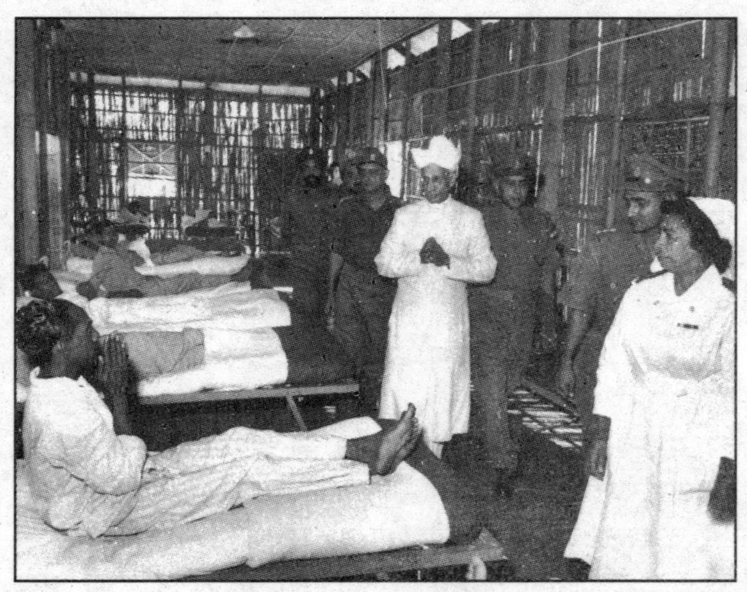

सैनिक अस्पताल में डॉ. राधाकृष्णन्

गुजर रहे हैं। जनसंख्या विस्फोट और संसाधनों के अभाव ने मनुष्य को वहशी बना दिया है। आज युद्ध का अर्थ है–महाविनाश; क्योंकि हर राष्ट्र के पास महाविनाशक हथियार हैं। आज मनुष्य धर्म और राजनीति के हाथों की कठपुतली बन गया है। मानव हथियार अपनी प्रगति के लिए बनाता है। पर वह महाविनाश की ओर अग्रसर है। राधाकृष्णन् ने विश्व सभ्यता पर प्रकाश डालते हुए लिखा था–''राष्ट्रीयता को विश्व निष्ठा के नीचे उसके नियंत्रण में रहना होगा। अगर संपूर्ण मानव जीवन की रक्षा के लिए हमें अपनी राष्ट्रीयता की कुर्बानी देनी पड़े तो हिचकिचाना नहीं चाहिए। हमारा लक्ष्य अब विश्वस्तरीय आध्यात्मिक एकता कायम करना है। इतिहास गवाह है, अनेक सीधी-सादी सभ्यताएँ बाहरी आक्रामकों द्वारा नष्ट कर दी गई हैं। जिस प्रकार दुनिया में औद्योगिक क्रांति हुई वैसी नैतिक क्रांति भी नितांत आवश्यक है। तभी हमारा मानव युद्ध की विभीषिका से बच सकता है। विज्ञान के युग में प्रवेश कर हम विकास की सीढ़ी पर चढ़ रहे हैं, फिर भी मनुष्य का हिंसक और हृदयहीन चेहरा पूरी मनुष्य जाति को कंपायमान कर रहा है।

राधाकृष्णन् ने पूरी मानव जाति को सावधान करते हुए कहा था–''मनुष्य जाति कसौटी पर है। हमारी बौद्धिक शक्ति और अमानुषिक कृत्य के बीच जो विरोध है, उसने चिंतनशील तथा भावना-प्रबल व्यक्ति को निराशा से भर दिया है। परमाणु शक्ति का आविष्कार हमारे लिए एक नई चुनौती बनकर आया है। परंतु विज्ञान का प्रयोग हमें आगे बढ़ाने के लिए करना है, न कि महाविनाश के लिए। अगर भविष्य की लड़ाइयों को हम हृदय से जीतें तो ज्यादा बेहतर होगा। अगर ऐसा संभव होगा तो भविष्य में होनेवाले युद्ध समाप्त हो जाएँगे। संसार सदा नई संभावनाओं से भरा है, हमें निराश होने की आवश्यकता नहीं है। मानव जाति में प्रेम इतना अधिक है कि कभी कमी नहीं पड़ सकती। आवश्यकता है इसे व्यवहार में लाने की है। भारत की आजादी की जब घोषणा

हुई थी तो उसका प्रारंभ सांप्रदायिक दंगों से हुआ था। स्वाधीनता दिवस का स्वागत भाई ने भाई के खून से रँगे हाथों से किया था। आज भी हम उसी में बुरी तरह फँसते हुए, उन संस्थापनाओं और प्रथाओं को पुनीत मानते हुए सामाजिकता की सुरक्षा के नाम पर आचरण और वचनों से दूर हैं। अतः विश्व में शांति स्थापित करने के लिए नैतिक मूल्यों को उजागर करना होगा। क्योंकि अधिक धनार्जन की वासनाएँ कभी मिटती नहीं हैं। इसका उदाहरण नादिरशाह, सिकंदर, मुहम्मद गोरी आदि हैं, जो खून-खराबे की परवाह न कर राज्य एवं धनार्जन की होड़ में सबसे आगे थे।

भारत की आजादी के बाद

सन् 1947 में जब भारत आजाद हुआ तब वह बुरी तरह पिछड़ा हुआ था। अर्थव्यवस्था में नए संचार के लिए अनेक महापुरुषों की आवश्यकता थी। डॉ. राधाकृष्णन् भी देश के कर्णधारों में एक थे। वे महान् दार्शनिक एवं शिक्षाविद् थे। राजनीति में उनकी विशेष रुचि नहीं थी। परंतु महान् राजनीतिज्ञ जवाहरलाल नेहरू उनका बहुत आदर करते थे। 1948 में महात्मा गांधी की हत्या के बाद देश की राजनीति का सारा दायित्व जवाहरलाल नेहरू के कंधों पर आ गया था। संविधान तैयार करने में डॉ. राजेंद्र प्रसाद, भीमराव अंबेडकर, सरदार पटेल, जवाहरलाल नेहरू के साथ-साथ राधाकृष्णन् की भी महत्त्वपूर्ण भूमिका थी। डॉ. राधाकृष्णन् चाहते थे कि देश में एक ऐसे लोकतांत्रिक ढाँचे का विकास हो, जो देश के निर्माण एवं विकास में हर नागरिक की जिम्मेदारी को सुनिश्चित करे तथा हर नागरिक को अपने विकास का खुला अवसर प्रदान करे। डॉ. राधाकृष्णन् भारत में लोकतांत्रिक व्यवस्था के उतने ही पक्षधर थे जितने महात्मा गांधी और पं. जवाहरलाल नेहरू। डॉ. राधाकृष्णन् यह मानते थे कि लोकतांत्रिक तरीके से देश में समाजवाद लाया जा सकता है। डॉ. राधाकृष्णन् ने कभी स्वप्न

में भी नहीं सोचा था कि सामाजिक न्याय के नाम पर राजनीति करते सत्ता तक पहुँचे लोग समाजवाद को हथियार बनाकर स्वयं सामंत बन बैठेंगे। उन्हें तो विश्वास था कि गर्दिश के दिन देखनेवाले कभी किसी को गर्दिश में न जाने देंगे।

समाजवाद की व्याख्या करते हुए राधाकृष्णन् ने अपनी पुस्तक में लिखा था–"समाजवाद का अर्थ सभी व्यक्तियों की योग्यता का सामाजिकीकरण नहीं है। ऐसा होना असंभव है, क्योंकि सभी व्यक्ति समान नहीं होते। समाजवाद का अर्थ सबके लिए समान अवसर और सुविधा देना है। हम संपत्ति एवं गरीबी के बीच अंतर को कम करना और सामान्य मानव जीवन के जीवन स्तर को ऊँचा उठाना चाहते हैं। अभी तक हमारे देश में ऐसे व्यक्ति भी हैं, जो दिन में एक बार भी भोजन नहीं कर पाते, जिनके सिर पर छत्रच्छाया नहीं है, जो हमारे नगरों की पटरियों पर सोते हैं, जिन्हें पूर्णत: समाप्त कर एक समानांतर समाज की स्थापना किए जाने की आवश्यकता है, जो हमारे सामने एक नई एवं कठिन चुनौती है।"

लोकतंत्र और हिंसा

डॉ. राधाकृष्णन् जब नैतिकता और सहिष्णुता की बात करते थे तो यह स्पष्ट है कि हिंसा का उसमें कोई स्थान नहीं है। पर आज हमारे लोकतांत्रिक देश में हिंसा का साम्राज्य फैला है। मनुष्य द्वारा मनुष्य को दबाने की इच्छा ही हिंसा को जन्म देती है, फिर इस हिंसा के माहौल में लोकतंत्र का भला क्या महत्त्व रह जाता है। भारत दुनिया में सबसे बड़ा लोकतांत्रिक राष्ट्र है, पर भारत की चुनाव प्रणाली हिंसा पर प्रतिबंध लगाने में अक्षम है। हिंसा के अनेक रूप चुनाव के दौरान देखे जाते हैं। जब देश आजाद हुआ था तब सवर्ण जातियों को यह अभिमान था कि पार्टी कोई भी हो, सत्ता में उन्हें ही रहना है। पर अब तसवीर बदल चुकी है। अब

सैनिक अधिकारियों से चर्चा करते डॉ. राधाकृष्णन्

आरक्षण कोटे से आनेवाले पिछड़ा वोट बैंक की राजनीति करनेवालों का दबदबा है। अब पिछड़ी जातियों के लोग वही करना चाहते हैं जो सवर्ण सामंतों ने किया था। हिंसा का एक बड़ा कारण यही है कि हर कोई अपने विरोधी के खिलाफ ताकत का इस्तेमाल कर सत्ता में आना चाहता है। भारत में लोकतांत्रिक सहिष्णुता पर आधारित राजनीतिक प्रणाली है। दूसरे की इच्छाओं का सम्मान किए बिना, आवश्यकताओं एवं सुविधाओं को केंद्र में रखे बिना लोकतांत्रिक प्रक्रिया पूरी नहीं हो सकती। जब हम लोकतंत्र को अपने हित-साधन का माध्यम बनाएँगे तो विरोधी भी वैसा ही करेंगे।

हिंसा के द्वारा अपनी स्थिति मजबूत बनाने की प्रक्रिया हमारे भारतीय लोकतंत्र में बहुत लोकप्रिय हो चुकी है। बार-बार यह प्रश्न मानव मस्तिष्क को कुरेदता है कि गांधी, बुद्ध, महावीर की यही धरती है, जिनका अनुयायी लगभग सारा विश्व हो गया था। क्या हम उनकी अवमानना नहीं कर रहे हैं? लोकतंत्र अब प्राणहीन हो

चुका है। सत्ता हथियाने के लिए हर कोई आम आदमी को धोखा देता है, उसे छलता है और जब वह छले जाने को तैयार नहीं होता तो धमकी दी जाती है। जब वह धमकी से भी काबू में नहीं होता तो प्रत्यक्ष या अप्रत्यक्ष रूप में हिंसा का प्रयोग किया जाता है।

दया और क्षमा के संस्कारों में पले-बढ़े हम, त्याग और तपस्या की भूमि में पैदा हुए हम हिंसा की ओर कदम बढ़ा रहे हैं। आज हमारे नेता जिन गरीबों के वोट बैंक द्वारा सत्ता तक पहुँचे हैं, उनका भला कौन खयाल करता है? नेता तो अपनी तिजोरी भरने में लगे हैं। लोग क्या सुविधा और असुविधा को झेल रहे हैं, भला उनको क्या परवाह? बच्चों को पढ़ने के लिए स्कूल नहीं हैं। यातायात की सुविधा के लिए सड़क नहीं है। यह तो सत्ता की कुरसी पर बैठते ही सब भूल जाते हैं। फिर जब चुनाव का समय होता है तो धर्म और जाति की दुहाई देकर उनसे वोट झपट लेते हैं। अतः हमें उन चाटुकारों से सावधान रहना है। नहीं तो देश का लोकतंत्र धरातल में चला जाएगा।

भारतीय इतिहास से सीखें

डॉ. राधाकृष्णन् जैसे दार्शनिक, समाज-सेवी, राजनयिक ने निरपेक्ष दृष्टि से सच को देखा है। वह कहा करते थे कि, ''हम भारतीयों में एक बहुत बड़ी कमी यह है कि हम इतिहास को नहीं देखते। जो हमने कल किया था, उन्हीं गलतियों को दोहराते चले जाते हैं। भविष्य में भी वैसा ही करने को तैयार हैं, जिसके लिए हम बहुत भुगत चुके होते हैं।'' डॉ. राधाकृष्णन् भारतीय संस्कृति एवं विचार के बारे में लिखते हैं–बहुत सी समस्याएँ समाधान के लिए हमारा मुँह ताक रही हैं जैसे भाषाई झगड़े, प्रांतीय ईर्ष्याएँ, आंतरिक संघर्ष आदि। ये हमारे अस्तित्व, हमारी स्थिरता को झकझोरकर रख देते हैं। लगता है हमने इतिहास के अतीत के पन्नों को झाँककर नहीं देखा। अपनी इन्हीं असंगतियों के कारण बार-बार

हमने अपनी स्वाधीनता खोई है। यदि हमने इतिहास से सबक लिया होता तो पूरे देश की कौम को यों टुकड़ों में न बँटने देते। हमने वर्ण व्यवस्था द्वारा जातियों को चार भागों में बाँटा है। फिर इन्हें जातियों-उपजातियों, गोत्र इत्यादि में बाँटा। और यही देश के विभाजन एवं खून-खराबे का कारण बना है।

डॉ. राधाकृष्णन् देश के लोगों की इस प्रवृत्ति से बहुत दु:खी थे। आजादी के पहले जब देश स्वाधीनता की लड़ाई लड़ रहा था तब मुसलिम लीग ने सांप्रदायिक भावना को उकसाया और मुसलमानों के लिए अलग देश की माँग की। यह माँग जबकि देश और कौम की विरोधी थी, इसे किसी कीमत पर स्वीकार नहीं किया जाना चाहिए था परंतु मजबूर होकर मानना पड़ा। देश का विभाजन मातृभूमि की हत्या से कम नहीं था। परंतु अफसोस के साथ यह कहना पड़ता है कि जिस कांग्रेस पार्टी ने छह दशक तक लड़कर देश को आजादी दिलवाई वह न जाने किसके दबाव में आकर देश के विभाजन के लिए तैयार हो गई। उस समय नेहरूजी ने इतिहास से यह सीख नहीं ली कि जिन कट्टर मुसलमानों ने भारत माता की छाती चीरकर देश का विभाजन किया उनसे बड़ा दुश्मन भला कौन हो सकता है! दूसरी भूल उन्होंने अंग्रेजों को समझने में भी की, जिन्होंने 200 वर्ष तक बलपूर्वक भारत पर शासन किया, उसे आजाद करते-करते उसे तोड़ने का षड्यंत्र पाकिस्तान समर्थकों के साथ मिलकर किया; फिर कश्मीर का फैसला करने का अधिकार अंग्रेजों को देने का क्या औचित्य था?

पिछले छह दशकों में हमने इतिहास से कुछ नहीं सीखा और एक नए विघटन व विभाजन के बीज हम अपनी निजी अथवा दलीय राजनीतिक आकांक्षाओं को पूरा करने के लिए बो रहे हैं। कभी असम में दंगा होता है तो कभी पंजाब और महाराष्ट्र में। स्वयं सत्ता में आने और दूसरे को सत्ता में न आने देने के प्रति राजनीतिक दल इतने संवेदनशील हो गए कि उनके लिए सामाजिक

नैतिकता व मर्यादा का कोई मूल्य ही नहीं रह गया है। राजनीति अब बाहुबलियों का खेल हो गई है। और इसका दुष्परिणाम सामने है कि खराब छविवाले मंत्री, विधायक दोनों हाथों से देश को लूट रहे हैं। क्या अपने देश में इस तरह की लूट-खसोट, दंगा-फसाद देश को बचा पाएगा? आपसी फूट हमें कहाँ ढकेलेगी, ये हम भूल रहे हैं? फिर हम वहीं पहुँचने को तैयार हैं, जहाँ सदियों पहले अपनी भूल के कारण पहुँच चुके थे। पिछले वर्षों का इतिहास हृदय चीरकर कह रहा है कि अनेक भीषण युद्ध का तांडव कितने करोड़ लोगों ने झेला है, कितने बच्चे अनाथ और कितनी स्त्रियाँ विधवा हुई हैं। मनुष्य मनुष्य के बीच में टकराव भला क्या किसी को चैन की नींद सोने देगा? इस अनमोल मानव जीवन को हम क्यों नष्ट कर रहे हैं। अत: हम मनुष्यों को सोचना चाहिए कि जो बर्बर मानव सदियों पहले कर चुका वो हम सभ्य होकर इतिहास दोहराने पर क्यों तुले हैं?

जीवन या मृत्यु

डॉ. राधाकृष्णन् कुछ मामलों में गांधीजी से सहमत नहीं थे, फिर भी गांधीजी का बहुत आदर करते थे। अहिंसा के पुजारी गांधीजी की द्वितीय विश्वयुद्ध के बाद ही हत्या हो गई थी। परंतु राधाकृष्णन् ने हथियारों की होड़ देखकर मुनष्यों को सावधान किया था—"आज आणविक हथियारों से लैस राष्ट्र आपस में एक-दूसरे के

डॉ. राधाकृष्णन् की स्मृति में जारी डाक टिकट

सामने खड़े हैं। विनाश के कगार पर एक-दूसरे के सामने खड़े हैं। विनाश के आसार दिखाई दे रहे हैं; परंतु फिर भी विनाश नहीं हो पाया। इसके दो कारण हैं—एक जीवन के प्रति मोह और दूसरा नरसंहार के विरुद्ध भारी प्रतिक्रिया। लेकिन सच यह भी है कि यह गत्यवरोध हमेशा बना नहीं रहेगा। जब तक आणविक हथियार कुछ देशों के पास है तब तक विनाश का खतरा मँडराता रहेगा। महाशक्तियों ने हथियारों के बल पर जो अस्थायी और खतरे से भरा शक्ति संतुलन स्थापित किया है उससे वे भी पूरी तरह संतुष्ट नहीं हैं। ये देश शक्ति संतुलन के किसी अन्य उपाय के बारे में सोच रहे हैं। गांधीजी का अहिंसा दर्शन ही वह उपाय हो सकता है। यदि हिंसा के स्थान पर अहिंसा को हम नहीं अपनाएँगे तो बहुत देर हो जाएगी। अस्त्रों की होड़ में फिर सारा विश्व शामिल हो जाएगा। फिर मनुष्य जाति को नष्ट होने से कोई नहीं बचा पाएगा।

अभी समय है ठहरकर सोचने का, करने का और फैसला करने का कि जीवन चाहिए या मौत। यदि जीवन चाहिए तो अहिंसा को चुना जाए और यदि मरने का फैसला कर लिया है तो हिंसा और हथियार की दौड़ में शामिल हो जाइए। आखिर हर कोई अपने जीवन से बहुत प्यार करता है। मौत किसी को अच्छी नहीं लगती। फिर भी हम मौत के मुँह में क्यों जाना चाहते हैं? इन आणविक हथियारों की होड़ में अपने आपको मौत के मुँह में ढकेलना नहीं तो और क्या है? डॉ. राधाकृष्णन् इन्हीं कारणों से अपने विदेशी भाषण में भारतीय धर्म और संस्कृति को श्रेष्ठ बताते हैं। हमारी संस्कृति दूसरे को सुख पहुँचाने के लिए दुःख उठाकर भी प्रसन्न रहती है। भारतीय मनीषियों ने कहा है कि दूसरे को सुख पहुँचाने से बड़ा कोई धर्म नहीं है। भारत के राष्ट्रपिता महात्मा गांधी ऐसा दर्शन लेकर आए थे, जिसमें समस्त समस्याओं का रचनात्मक समाधान मौजूद था। डॉ. राधाकृष्णन् देश में स्वाधीनता

की लड़ाई को उचित बताते थे। मैं अपने देश को स्वाधीन देखना चाहता हूँ, जिससे हम इस योग्य बन सकें कि जरूरत पड़ने पर अखिल मानव जाति के कल्याण के लिए बलि दे सकें। भारतीय दर्शन और ग्रंथों में लिखी गई बातों को अगर हम गंभीरता से अपने जीवन में उतार लेते हैं तो समस्त मानव जाति का कल्याण संभव है।'' डॉ. राधाकृष्णन् ने कहा था कि, ''अब भी वही मार्ग है, वही दर्शन है जो विचार गांधीजी समस्त मनुष्य जाति को देना चाहते थे। उसी में छिपा है मानव जाति को विनाश से बचाने और वास्तविक विकास की दिशा में ले जाने का मूल मंत्र। भौतिक उन्नति से मनुष्य जाति का उद्धार नहीं होगा। उससे तो समस्याओं का जन्म होगा, जो आदमी को आदमी से लड़ाएगी। और इससे कभी स्थायी शांति नहीं लौटेगी।''